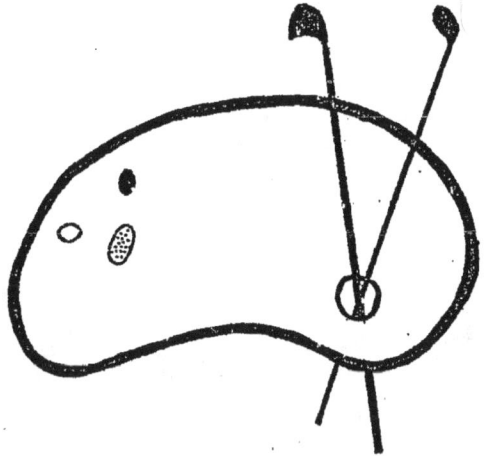

DEBUT D'UNE SERIE DE DOCUMENTS
EN COULEUR

VOYAGE AU PAYS DES SINGES

PAR

LOUIS JACOLLIOT

PARIS
C. MARPON ET E. FLAMMARION
ÉDITEURS
26, RUE RACINE, PRÈS L'ODÉON

OUVRAGES DU MÊME AUTEUR

Voyage sur les rives du Niger, illustré de gravures par Moul-
LION. 1 vol. in-18. 3 50
Voyage aux Pays mystérieux, illustré de gravures par Moul-
LION. 1 vol. in-18. 3 50

ÉTUDES INDIANISTES

La Bible dans l'Inde. 1 vol. in-8. . . . . 6 fr.
Christna et le Christ. 1 vol. in-8 . . . . 6 fr.
Fétichisme.—Polythéisme.—Monothéisme. 1 v. in-8. 6 fr.
Les Fils de Dieu. 1 vol. in-8. . . . . 6 fr.
La Genèse de l'Humanité. 1 vol. in 8. . . . . 6 fr.
Histoire des Vierges. 1 vol. in-8. . . . . 6 fr.
Les Législateurs religieux : 1re série, *Manou*, 1 v. in-8. 6 fr.
    —   —   2e série, *Moïse*, 1 v. in-8. 6 fr.
Le Spiritisme dans le Monde. 1 vol. in-8. . . . . . . 6 fr.
Le Pariah dans l'Humanité. 1 vol. in-8. . . . . 6 fr.
Les Traditions Indo-Asiatiques. 1 vol. in-8. . . . . . 6 fr.
Les Traditions Indo-Européennes et Africaines. 1 vol.
in-8. . . . . 6 fr.
La Femme dans l'Inde. 1 vol. in-8. . . . . 6 fr.
Rois, Nobles et Guerriers dans les Sociétés antiques.
1 vol. in-8 . . . . 6 fr.
La Mythologie de Manou. — L'Olympe brahmanique.
1 vol. in-8. . . . . 6 fr.
La Devadassi (Bayadère), comédie en 4 parties, traduit du
Tamoul. In-8. . . . . 1 fr.

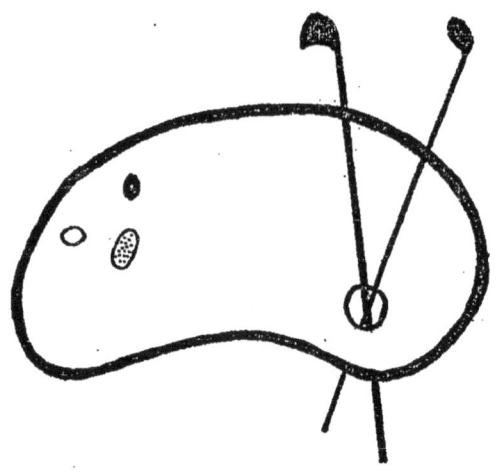

FIN D'UNE SERIE DE DOCUMENTS
EN COULEUR

VOYAGE
AU
PAYS DES SINGES

OUVRAGES DU MÊME AUTEUR

Voyage sur les rives du Niger, illustré de gravures par Moullion. 1 vol. in-18. 3 50
Voyage aux Pays mystérieux, illustré de gravures par Moullion. 1 vol. in-18. 3 50

ÉTUDES INDIANISTES

La Bible dans l'Inde. 1 vol. in-8. . . . . 6 fr.
Christna et le Christ. 1 vol. in-8 . . . . 6 fr.
Fétichisme. — Polythéisme. — Monothéisme. 1 v. in-8. 6 fr.
Les Fils de Dieu. 1 vol. in-8. . . . . 6 fr.
La Genèse de l'Humanité. 1 vol. in 8. . . . . 6 fr.
Histoire des Vierges. 1 vol. in-8. . . . . 6 fr.
Les Législateurs religieux : 1re série, *Manou*, 1 v. in-8. 6 fr.
—   —   2e série, *Moïse*, 1 v. in-8. 6 fr.
Le Spiritisme dans le Monde. 1 vol in-8. . . . . 6 fr.
Le Pariah dans l'Humanité. 1 vol. in-8. . . . . 6 fr.
Les Traditions Indo-Asiatiques. 1 vol. in-8. . . . . . 6 fr.
Les Traditions Indo-Européennes et Africaines. 1 vol. in-8. . . . . 6 fr.
La Femme dans l'Inde. 1 vol. in-8. . . . . 6 fr.
Rois, Nobles et Guerriers dans les Sociétés antiques. 1 vol. in-8 . . . . 6 fr.
La Mythologie de Manou. — L'Olympe brahmanique. 1 vol. in-8. . . . . 6 fr.
La Devadassi (Bayadère), comédie en 4 parties, traduit du *Tamoul*. In-8. . . . . 1 fr.

VOYAGE
AU PAYS
DES SINGES

PAR

LOUIS JACOLLIOT

PARIS

C. MARPON ET E. FLAMMARION
ÉDITEURS
26, RUE RACINE, PRÈS L'ODÉON.

1883

Tous droits réservés.

VOYAGE
AU
PAYS DES SINGES

TROIS MOIS CHEZ LES YEBOUS

Départ de Tchadé. — Situation des esclaves au Yebou. — Les forêts de la Nigritie. — Un cimetière d'éléphants.— Une attaque sous bois. — Le gorille. — La question du singe. — N'Otooué. — Le Mafoua africain. — Les nuits de la forêt. — M. Jenga et les Faus ou Pabouins. — Chasses. — Je tente d'apprivoiser un gorille. — Les Oveugas. — Le n'gena. — Les Ashiras. — M. Silberman. — Les tours du chimpanzé. — Jack et Cayor. — La forêt des singes. — Hodé-Yebou.

Six à sept jours de marche devaient nous conduire du village de Tchadé, sur la frontière du Benin et du Yebou, à la mystérieuse cité du Hodé, capitale du royaume des Yebous, immense contrée de la Nigritie, bornée d'un côté par le golfe de Guinée, le Dahomey et le Yarriba, et de l'autre par le cours du Niger et le Benin.

Comme cette relation de voyage peut tomber entre les mains de lecteurs qui ne m'ont point suivi depuis mon départ de France, je dois en suspendre un instant la narration pour éclairer la situation (1).

Un de mes amis, le capitaine américain Edward Adams, avait formé le projet, avec cet esprit aventureux naturel aux Yankees, d'aller explorer les pays qui s'étendent du Dahomey au Niger supérieur, avec une pacotille d'échange bien entendu, car les gens de sa nation sont d'une habileté beaucoup trop pratique (*smart boys*) pour se promener à travers le monde, dans le but de mesurer des montagnes, de découvrir les sources inconnues de quelques fleuves ou de rectifier des positions géographiques. *Cela ne paye pas,* [*That not paie,* disent-ils dans leur langage

---

(1) Voir *Voyage aux rives du Niger*. 1 vol. in-18. *Voyage aux pays mystérieux*. 1 vol. in-18.

spécial, et tout ce qui ne paye pas, chez eux, est affaire enterrée.

Il n'y a pas d'exception à cette règle : *l'héroïque* Stanley, à qui notre société de géographie a eu la naïveté, prononcez *bêtise*, de décerner la grande médaille d'or, parce qu'il avait traversé l'Afrique, de la côte de Mozambique au Congo, en massacrant plus de deux mille noirs avec des armes perfectionnées, est en train de prouver qu'il n'est qu'un flibustier doublé d'un puffiste..... à la solde d'une poignée d'épiciers cosmopolites ; il va essayer de faire échouer les projets de la France sur le Congo. Espérons que si M. de Brazza le rencontre les armes à la main, il le traitera comme le représentant d'une nation civilisée doit traiter un forban de son espèce. Deux mètres de corde et une branche d'arbre, c'est tout ce que mérite l'aventurier américain.

Notre pauvre pays est tellement empreint de *gogotisme*, qu'il ne manquera pas de gens pour trouver singulière la façon dont je juge l'ancien reporter du *New-York-*

Herald. Ma parenthèse est déjà trop longue ; qu'ils me fassent crédit de quelques pages, je retrouverai bientôt le sujet sous ma plume, et l'éluciderai d'une façon complète et définitive.

Donc, en américain pratique, le capitaine Adams n'avait conçu son voyage que comme une expédition commerciale, et j'ajouterai que de cette façon il était, en servant son intérêt particulier, beaucoup plus utile à la civilisation que tous les Livingstone du monde.

Portez des idées aux noirs du centre de l'Afrique, rien ne germera, car leur cerveau grossier est comme une terre en friche ; portez-leur des objets d'échange, le premier pas est fait et le progrès fera peu à peu son œuvre à la suite des ballots de marchandises. Nos idées européennes d'humanité et de civilisation sont comme les fruits de notre sol : les unes et les autres, transportées brusquement sous le soleil des tropiques, s'étiolent et meurent. Pour les unes comme pour les autres, il faut le temps de l'acclimatation.

Je l'ai bien vu pendant notre long voyage à travers les provinces de la Nigritie. L'homme fêté, bien accueilli partout, ce fut Adams, qui apportait des objets utiles. L'homme, dont on se défia partout, chaque fois que je me séparai du capitaine pour une excursion spéciale, ce fut moi, qui n'apportais que des idées en contradiction avec toutes les croyances et tous les préjugés des peuples que je visitais.

J'avais connu le capitaine Adams en Océanie et à San-Francisco; vingt fois il m'avait entendu émettre le désir de visiter les contrées qu'arrose le Niger, et tout naturellement quand son voyage fut décidé, il m'avait proposé de l'accompagner.

Nous avions déjà, au moment où commence cette histoire, parcouru ensemble la côte d'Afrique depuis le Sénégal jusqu'à l'embouchure de l'Owarré, une des branches les plus importantes du delta du Niger.

Un jeune valaque, Luciens Crezubsco, retour de Buenos-Ayres où il avait été vainement chercher fortune, s'était joint à nous à Dakar, et ne nous avait plus quitté. Nous avions rencontré ensuite la rivière de Benin ou Formose, sur la goëlette de notre ami le capitaine, *la Sarah*, construite à toute fin pour la navigation maritime ou fluviale, et nous avions jeté l'ancre devant Gato.

Arobo, obi ou chef d'un des villages du fleuve, nous avait pris en affection ; il nous avait fait cadeau d'esclaves pour nous servir, et donné son fils Ourano pour nous accompagner et user au besoin de son prestige pour nous défendre.

Le plan d'Adams était de remonter par la frontière du Dahomey, du Yarriba et du Borgou jusqu'à Yaouri sur le haut Niger; pour cela, il lui fallait des esclaves pour porter ses marchandises, selon la mode du pays, et des soldats pour les protéger. Il avait obtenu le tout du roi d'Oueni ou Benin qui, moyennant une redevance en fusils, revolvers et munitions diverses, lui avait fourni les esclaves nécessaires et environ trois cents soldats pour faire respecter la caravane.

Un certain nombre de personnes de la cour d'Oueni et dix membres de la famille royale, avaient été livrés à Adams en otage, et devaient rester à bord de *la Sarah*, commandée par le second, Georges Oldham, jusqu'à notre retour.

Le roi d'Oueni, pour avoir des carabines à répétition et du rhum, aurait bien livré par-dessus le marché toutes ses femmes et tous ses ministres ; il est vrai de dire que ce sont les deux choses que l'on remplace le plus facilement à la côte d'Afrique.

S'il arrivait le moindre mal à quelques-uns d'entre nous, les survivants avaient le droit de vendre tous les otages comme esclaves ou de les garder pour leur propre service.

A notre départ de Gato pour l'intérieur, la goëlette *la Sarah* était allée se mettre au mouillage à Arobo, un peu plus en aval sur le fleuve, station beaucoup plus salubre pour les matelots américains qui étaient restés avec Georges Oldham sur le navire.

Comme instructions, le commandant de *la Sarah* avait reçu l'ordre, si nous n'étions pas rentrés dans un an et si il était sans nouvelles de nous, de pénétrer dans le Niger par l'Owaré, et de le remonter aussi haut que possible pour venir à notre rencontre. En aucun cas, il ne devait reprendre la mer que quand il acquerrait la certitude que nous avions tous été massacrés ou emportés par les fièvres.

Nous étions alors partis pour l'intérieur. Après avoir traversé les stations d'Akou et d'Imbodou, nous avions franchi les frontières du Benin et pénétré sur le territoire des Yebous, près de la ville de Tchadé, où nous séjournâmes quelque temps. Au moment où notre ami Adams s'apprêtait à lever le camp pour accomplir son itinéraire, l'idée me vint de visiter en détail le pays Yebou, qu'aucun pied d'Européen n'avait encore foulé.

Pour cela je devais me séparer d'Adams pendant quelques mois, tout au moins pendant le temps qu'il mettrait à longer le Dahomey et le Yarriba ; il voyageait avec une pacotille et s'arrêtait, repartait, stationnait deux heures ou trois jours, au gré de ses intérêts commerciaux.

Il s'ensuivait que je ne faisais qu'entrevoir des pays que j'eusse ainsi étudiés à loisir, tandis que je restais souvent de longs jours dans des lieux insignifiants au point de vue de la flore et de la science, ainsi que des observations ethnographiques et linguistiques.

A la première parole que je lui adressai à ce sujet, le brave capitaine avait été de mon avis.

— Vous voyagez, me dit-il en riant, pour récolter des brins d'herbe, des animaux empaillés et des traditions; moi, pour échanger mes marchandises, les deux intérêts peuvent ne pas toujours se rencontrer.

Le résultat de cet entretien avait été la séparation en deux troupes de notre caravane.

Adams m'avait donné quinze guerriers Beniniens, armés de carabines, revolver, etc., et dix esclaves porteurs, chargés des bibelots d'échange, qui devaient nous permettre de faire des cadeaux aux rois et aux chefs.

Luciens Crezubsco, cela va sans dire, était resté avec moi.

Les autres personnages de ma caravane étaient les suivants :

Ourano, beninien, fils du chef d'Arobo. Ce jeune noir était âgé d'environ vingt-six ans, grand, bien découplé, fort; il était en outre très intelligent, et son prestige comme fils de chef nous assurait en toute occasion l'obéissance absolue de notre petite troupe de guerriers qui se trouvait sous son commandement supérieur.

Un Irlandais, du nom de Patrick, la commandait en second ; c'était un homme énergique, dévoué, sur lequel on pouvait compter jusqu'à la mort.

Le capitaine nous avait laissé M. Zims, son cuisinier.

M. Zims était un mulâtre de la Louisiane, à qui un oubli de sa mère et la complaisance d'un des fils de l'habitation où elle servait, avaient mis quelques gouttes de sang blanc dans les veines. Il était très fier, et depuis la guerre de sécession, où ses maîtres avaient tous trouvé la mort sous les ordres de Robert Lee, de Stonewal-Jackson et de Beauregard, il se considérait comme le dernier représentant de l'illustre famille des Desfossés. Il était constamment en discussions de préséance avec Patrick, qui était la gaieté et la bonne humeur incarnées. Zims prenait tout au sérieux, se livrait à des éclats de colère des plus comiques ; mais tout s'arrangeait vite, car une chose les réunissait toujours, leur commun amour pour le rhum et le wisky.

Le négrillon Charly, avec son inséparable le petit âne Coco, chargé de porter nos provisions fines en liqueurs, cigares, etc., complétait le côté masculin de la caravane.

Charly aidait à M. Zims dans ses soins culinaires.

Nous étions en outre accompagnés par six jeunes négresses, qui nous avaient été données pour nous servir par deux chefs Beniniens, le vieil Arobo et l'obi de Gato.

Les préjugés du pays nous avaient obligés de les accepter ; tout refus eut été une insulte aux chefs qui nous les donnaient, et les pauvres dédaignées eussent été immédiatement mises à mort, comme un objet de rebut, des blancs les ayant refusées.

Zennah, Motza et Kanoun étaient toutes trois d'une merveilleuse beauté ; prisonnières faites à la guerre, elles étaient de haute lignée dans leur pays ; on les sentait de race, quoique noires, rien qu'au soin qu'elles prenaient de leurs personnes ; elles étaient d'un type aussi pur et aussi beau que celui des abyssiniennes, et n'avaient du noir que la peau. Leur nez, droit et fin, leur bouche petite, leurs grands yeux de gazelle, leur visage d'un ovale parfait, leur eut permis de rivaliser avec les beautés blanches les plus accomplies.

Leurs longs cheveux, doux et soyeux, étaient toujours parfumés et arrangés avec la dernière des coquetteries.

Les trois autres étaient des négresses de Guinée, de pures esclaves, qu'on avait adjoint aux trois belles pour les servir.

Nous n'avions eu d'abord que Zennah et Kanoun, données par Obi-Arobo, le père d'Ourano. Mais Obi-Tchadé ayant fait cadeau de la belle Motza à Luciens, cette dernière était devenue la favorite du jeune homme, au grand désespoir de Kanoun, qui avait déserté la tente de mon ami pour venir rejoindre Motza sous la mienne.

— Je me donne à toi, avait dit la jeune femme, sois dorénavant mon maître, je te suivrai comme l'ombre de la gazelle suit la gazelle sur le sable désert.

Heureux de cet arrangement qui ramenait la paix sous sa tente, Luciens avait accepté un paquet de cigares que, pour la forme, je lui avais remis à titre d'échange, et le marché avait été conclu.

Ceci exige quelques explications.

J'ai trouvé au Benin et chez les Yebous une coutume étrange qui tempère un peu les duretés de l'esclavage.

L'esclave y a le droit de changer de maître; il suffit pour cela qu'il trouve quelqu'un qui consente à rembourser à son propriétaire le prix d'achat, ou à payer la valeur estimée de l'esclave s'il a été donné en présent. Pour cela, le pauvre diable s'en va de porte en porte disant à tout homme libre qu'il rencontre :

— Je me donne à toi, paye le prix convenu et sois mon maître.

Il est rare qu'il ne trouve pas à se faire racheter, car cette singulière coutume es. tout à fait dans les mœurs, et le rachat d'un esclave qui souffre chez un maître est considéré comme une œuvre méritoire.

S'il trouve sa situation par trop intolérable, il a le droit aussi de demander la mort, et son maître ne peut la lui refuser.

Quand l'esclave a fait nettement connaître sa volonté, le maître est tenu de le conduire auprès du Tarbouc, sorte de sacrificateur religieux, qui est aussi chargé de l'exécution des criminels, et ce dernier, d'un seul coup de massue, casse la tête au pauvre esclave aux pieds de l'idole.

Quand un esclave a réclamé trois fois un changement de maître sans trouver personne qui le rachetât, les gaugas ou prêtres ont le droit de s'emparer de lui, et à leur choix, soit de l'attacher au service des idoles, c'est-à-dire au leur, soit de l'immoler comme victime à la première fête religieuse qui suit.

Pas bêtes ces frocards noirs, ils trouvent ainsi le moyen de renouveler constam-

ment leur personnel d'esclaves; ils conservent les jeunes et sacrifient les vieux.

Les sacrifices humains existent encore dans presque toute l'Afrique centrale, des deux tropiques à l'équateur.

Dans le Dahomey, le Benin, le Yebou, le Yarriba et le Borgou, surtout dans toutes les fêtes, le sang humain coule à longs flots.

Depuis l'abolition trop rapide de l'esclavage dans nos colonies européennes, ces massacres ont pris des proportions inouïes. Les rois de l'intérieur, habitués à recevoir, contre leurs esclaves, des fusils, de la poudre, du rhum, des étoffes, de la quincaillerie, etc., se voyant tout d'un coup supprimer cette source de richesse, obligés d'un côté de payer les marchandises d'Europe en produits du pays, et de l'autre de nourrir les milliers d'esclaves qu'ils avaient pris comme des objets d'échange, se sont mis à massacrer ces derniers par milliers sous le moindre prétexte.

Un étranger de marque passe dans le pays, vite on égorge des esclaves en son honneur; on tue l'esclave à propos de tout.

Dans les pays dont je viens de parler, quand un roi meurt, il faut que le fossé qui entoure son palais soit rempli de sang humain le jour de ses funérailles.

A la mort du dernier roi d'Oueni, il fallut égorger seize mille esclaves et encore le fossé n'était-il pas bien plein.

Je ne suis certes pas partisan de l'horrible institution de l'esclavage, mais nul ne m'empêchera de dire que quand on a pendant plus de trois siècles fait la traite à la côte d'Afrique, et habitué les rois nègres à considérer les esclaves comme des marchandises d'échange, c'est faire une œuvre d'imprévoyance humanitaire que de supprimer d'un seul coup traite et esclavage. Il est arrivé ce qui devait arriver : les rois nègres, habitués depuis des siècles à se faire la guerre ou faire des razzias d'esclaves, ne se sont point désaccoutumés en vingt-quatre heures de ces barbares coutumes ; ils ont continué à guerroyer de plus belle ; mais ne trouvant plus l'écoulement de leur marchandise humaine, et ne pouvant nourrir tous les esclaves qu'ils faisaient, ils ont pris l'habitude de les massacrer. Voilà le résultat de l'œuvre de nos imbéciles philanthropes.

« Périssent nos colonies plutôt que nos principes... »

Se sont écriés un jour à la tribune deux ou trois intrigants qui jouaient de la liberté nègre comme l'aveugle du pont des Arts jouait de la clarinette pour attirer les badauds, et nos colonies en sont mortes, et l'on massacre deux cent mille esclaves chaque année dans le centre de l'Afrique, parce qu'on ne peut plus les vendre.

Oui... mais M. Schœlcher est passé à l'état de fétiche pour tous les négrophiles et autres gogos qui ne savent jamais voir une question sous son véritable jour. Il fallait mettre cinquante ans, deux générations d'hommes, à affranchir graduellement les noirs et à faire comprendre aux rois africains qu'il valait mieux en faire des travailleurs récoltant la gomme, les arachides, l'huile de palme, l'ivoire, l'ébène, etc., et autres marchandises d'échange bien meilleures que les esclaves.

Mais je ne sais vraiment pas pourquoi je prêche !

Si je m'avise d'aventure à relever, chaque fois que j'en trouverai l'occasion, les inepties de nos politiciens, je ne suis pas près de terminer ce voyage.

Pauvres gens qui ont pris l'ombre pour la proie, et une fois de plus se sont laissé jouer par l'Angleterre.

Les Anglais n'ont aboli la traite à la côte d'Afrique que pour tuer les colonies des autres au profit des siennes. Allez les voir sur toute la côte de Guinée, à Sierra-Leone surtout, leur centre d'exploitation, vous les verrez embarquer des milliers de noirs chaque année pour leurs colonies, où ils sont absolument vendus aux propriétaires.

Seulement !

Retenez bien ce *seulement*, ô mes chers compatriotes, qui avez l'habitude de vous payer de mots et de poudre aux yeux... Seulement ces noirs ne sont plus embarqués comme autrefois, sous le nom d'*esclaves*, mais sous celui d'*engagés* libres, *forcés* de travailler pendant dix ans.

Les dix ans sont renouvelables.

Quelques mois avant l'expiration de l'engagement, le propriétaire de l'engagé libre le grise, lui fait un petit cadeau, et le noir appose sa croix sur un nouvel engagement de dix ans, avec quatre témoins, par-devant le magistrat de police du lieu.

Et le tour est joué.

Et l'Angleterre a substitué à l'esclavage *à perpétuité*, l'esclavage *à temps*, mais *renouvelable*.

Hurrah! pour la libre, pour la triomphante Angleterre.

Elle vient de tuer notre influence séculaire en Égypte, et elle est en train d'escamoter tout le pays avec la plus abominable des duplicités. N'importe... les tristes politiciens qui se sont emparé de la direction de nos destinées, continueront à ne rien voir... et à laisser faire.

On a chassé trente mille Français de l'Égypte pour ne pas intervenir... et le canal de Suez est devenu un canal anglais.

Voilà quinze ans que, par le livre, par la parole, je dévoile les agissements anglais, les ayant vu à l'œuvre partout, autour du globe, je n'ai abouti qu'à me faire traiter d'anglophobe.

Mais passons... Il est des heures tristes pour la vie des peuples comme pour celle des individus... La France est dans une de ces heures tristes.

Nous voilà bien loin de nos jeunes esclaves.

Lorsqu'un chef africain fait cadeau d'un esclave, le possesseur, pour consacrer sa propriété d'une façon définitive, lui donne en échange une chose insignifiante : une barre de tabac, un morceau d'étoffe, un collier de verroterie, et cela suffit pour légaliser la possession de l'esclave.

C'était donc pour sacrifier à l'usage que j'avais donné à Luciens un paquet de cigares, qui me constituait bel et bien propriétaire de Kanoun ; la pauvre fille sans cela n'eut pas été tranquille sur son sort ; elle ne voulait à aucun prix retourner sous la tente de mon jeune ami, où elle se trouvait sous les ordres de Motza qui, je dois le reconnaître, abusait de sa situation.

Il n'est ni dans mes intentions ni dans mes goûts de laisser croire au lecteur que nous trainions après nous un sérail de négresses, c'est pour cela que je dois insister pour bien faire comprendre comment nous avions consenti à accepter ces jeunes esclaves.

En outre que notre refus, ainsi que je l'ai dit plus haut, eût été une insulte pour les chefs qui nous les avaient offertes, et que le résultat de notre refus eût été de faire mettre immédiatement à mort les pauvrettes, nous trouvions, à les conserver, un intérêt que je vais faire connaître.

Dans le centre Afrique, comme dans tout l'extrême Orient, l'hospitalité se compose de la nourriture, de la maison et de la femme.

Dans l'extrême Orient, suivant les lieux et les castes, on vous offre une femme de la famille ou une étrangère qui la remplace. Nos droits sur elle cessent avec le lever du soleil ; tandis que dans le centre Afrique, les rois et les chefs nous donnent toujours les femmes qu'ils envoient pour partager notre couche, en pleine propriété. Dans ces contrées, où l'esclave abonde, le don d'une femme n'a guère plus de valeur que l'offre d'un bouquet, d'un cigare, ou une invitation à dîner en Europe.

Or, comme tous les chefs que nous visitions auraient cru manquer de politesse à notre égard s'ils n'avaient pas satisfait à la coutume, pour éviter de blesser les chefs et surtout l'encombrement d'esclaves qui en eût résulté, nous les prévenions de notre arrivée dans le village, de ne pas nous envoyer d'esclaves en retour des cadeaux que nous leur faisions, les six négresses que nous possédions étant plus que suffisantes pour le service de notre tente.

Tous les chefs prenaient bien la chose et répondaient à nos présents par des envois de fruits, de légumes, de volailles et de gibier.

Maintenant, je ne fais aucune difficulté d'avouer que Luciens éprouvait un sentiment très prononcé pour la belle Motza, et que Zennah était charmante... Et que, pour tout pays, s'il est un rôle difficile à jouer, c'est celui de saint Robert d'Arbrissel.

Quand j'aurai ajouté que deux petits chevaux du pays, Kadour et Saïd, ces noms leur avaient été donné par nous, nous servaient de monture, et que nous possédions deux charrettes à bœufs pour porter nos tentes et objets de campement, le lecteur connaîtra aussi bien que nous la composition de notre caravane.

Visiter le royaume des Yebous sans avoir obtenu l'assentiment du souverain est une chose absolument impossible en Afrique. Aussi de Tchadé, où nous nous trouvions, avions-nous envoyé à Oba-Ochoué, roi des Yebous, un otouné ou coureur avec un message pour lui demander l'autorisation d'aller lui présenter nos devoirs.

Quelques jours après nous recevions l'ordre de nous rendre à Hodé-Yebou, la capitale du royaume. Le roi daignait nous faire dire qu'il n'avait jamais vu de blanc, qu'il avait hâte de faire notre connaissance et que nous serions bien traités à sa cour.

Obi-Tchadé, le chef du village, qui dans

sa jeunesse avait vécu à la cour du souverain des Yebous et qui connaissait le caractère de ce prince, nous engagea à partir le plus tôt possible.

— Il est plus que probable qu'il s'emparera de nous, nous dit-il, car dans tout l'intérieur de l'Afrique les blancs passent pour des hommes supérieurs, et il sera flatté de nous avoir auprès de lui; il nous comblera d'attentions et de cadeaux, seulement il y a une chose à craindre.

— Laquelle?

— C'est qu'il soit si content de vous posséder qu'il ne veuille plus vous laisser partir.

— Ce que tu nous dis là est de nature à nous faire réfléchir sérieusement sur le parti que nous devons prendre.

— Vous n'en avez que deux : rentrer au Benin en retournant sur vos pas, ou obéir à Oba-Ochoué, et des deux vous n'en pouvez prendre qu'un : obéir au roi.

— A moins que nous ne préférions regagner le Formose.

— Je serais forcé de vous en empêcher.

— Toi.

— Vous ne connaissez pas Oba-Ochoué ; maintenant qu'il vous a envoyé l'ordre ici de vous rendre auprès de lui, il s'en prendrait à moi de votre désobéissance, et enverrait un de ses tarboucs pour me faire sauter la tête.

— Je voudrais bien savoir comment tu t'y prendrais pour nous empêcher de quitter Tchadé ; tu ne sais donc pas qu'avec nos quinze guerriers Beniniens et nos armes perfectionnées nous mettrions en fuite tous les gens de ton village.

— Soit ; mais je me battrais tout de même, car je n'aurais que ce moyen d'éviter la colère de l'Oba.

— Allons, n'aie point peur, répondis-je au chef, nous ne te réduirons pas à cette extrémité ; nous ne sommes pas venus jusqu'ici pour reculer, et si Oba-Ochoué veut nous retenir nous partirons malgré lui.

Obi-Tchadé fut enchanté de notre décision ; ce pauvre chef eut en effet peur de tourner la colère de son maître, tenté de s'opposer à notre départ.

Le lendemain, nous prenions la direction de Hodé-Yebou, sous la direction d'un coureur de Tchadé, du nom de Ocbi-Fekoué.

Un coureur ne mettait pas plus de cinq ou six jours pour se rendre à la capitale ; mais notre caravane devait en mettre de douze à quinze au moins, et encore en ne s'amusant guère en route.

Jamais je n'oublierai le pittoresque et sauvage spectacle que nous offrirent les différentes contrées que nous eûmes à traverser, ni les émotions de chasseurs qu'excitaient en nous la présence du grand cerf africain et de tous les gibiers connus, sans parler des innombrables fauves qui habitent les immenses forêts du Yebou.

Un soir nous arrivions au campement choisi pour ce jour-là, harassés de fatigue ; Le coureur Ocbi-Fekoué, lui-même, se servait de son grand arc de chasseur pour alléger sa marche ; la course avait été longue ; nous avions parcouru de vastes étendues de forêts et de marécages, et le repos était ambitionné par tous avec plus d'ardeur encore que la nourriture.

La nuit venait et les ombres qui couronnaient et estompaient les sommets des banians et des grands palmiers de Guinée (Elœis Guinensis), nous annonçait qu'il allait devenir dangereux de s'attarder trop longtemps à la marche, et cependant nous en avions encore pour un quart d'heure, d'après les affirmations du guide, pour arriver à la clairière où nous devions camper.

Tout à coup Ocbi-Fekoué, qui marchait en tête avec Luciens Ourano et moi, nous arrête d'un geste.

— Ecoutez-moi, dit-il.

Nous prêtâmes l'oreille.

A travers les mille bruits indéfinissables de la forêt, je ne perçus pour ma part que quelques cris lointains de chacals qui commençaient à quitter leur fourré en quête de leur souper.

Le chacal est si commun dans les déserts de l'Afrique équatoriale, que mon compagnon ne nous avait pas sans doute arrêté pour si peu. Ses sens, plus exercés que les nôtres, devaient sans doute percevoir quelques bruits étranges qui ne parvenaient pas jusqu'à nous.

Après quelques minutes d'une attention soutenue, pendant lesquelles son visage sembla indiquer qu'il éprouvait un étonnement mêlé d'une certaine anxiété, il se décida enfin à parler. Ourano, que j'observais depuis quelques instants, semblait partager l'inquiétude du guide.

Il y a beaucoup d'éléphants sauvages en avant de nous, dit-il; tout un kraal sans doute.

Le mot kraal signifie village et par extension tribu.

— A quoi peut tu reconnaître, lui répondis-je, la présence de ces animaux.

— J'entends leur cris ; marchons doucement pour ne pas éveiller leur attention.

Ourano fit un signe d'assentiment. Luciens et moi nous continuions à ne rien entendre, mais toute recommandation de cette nature a trop d'importance dans la forêt vierge pour qu'on ne s'y conforme pas immédiatement ; nous hâtâmes le pas en retenant notre soufle.

Ocbi-Fekoué avait raison. Au bout de quelques instants les cris qu'il venait de nous signaler nous parvinrent assez distinctement pour que nous puissions, nous aussi, les attribuer à des éléphants.

Notre guide était devenu soucieux.

— Ce n'est pas un campement de ces animaux que nous allons rencontrer, dit-il à voix basse... regardez !

Nous étions parvenus à l'extrémité d'une clairière assez vaste... des tas d'ossements et de défenses d'éléphants gisaient de tous côtés, les uns à demi couverts par l'herbe, les autres encore revêtus de lambeaux de chairs désséchées.

Une odeur nauséabonde, qui venait de deux énormes corps en putréfaction, affectait désagréablement mon odorat.

— Quelle est ce lieu ? dis-je au guide.

— C'est un cimetière d'éléphants, me répondit Ocbi-Fekoué d'un air mystérieux, en donnant à sa voix une intonation singulière. Écoute, les cris redoublent, les éléphants conduisent peut-être quelqu'un des leurs au charnier.

Ce n'était plus des cris que nous entendions, mais des hurlements plaintifs et prolongés qui faisaient retentir par intervalles inégaux les arceaux de la forêt.

Nous nous cachâmes dans un fourré et voici l'étrange spectacle qui se déroula sous nos yeux.

Une dizaine d'éléphants parurent à l'autre extrémité de la clairière ; au milieu d'eux marchait péniblement un colosse affaibli par l'âge et la maladie ; pour l'engager à se presser, ses camarades le frappaient à coup redoublés de leur trompe; le malheureux se rendait ainsi accompagné au cimetière de ces congénères ; il employait ces dernières forces à venir se coucher sur le lit séculaire qui avait déjà vu blanchir les os de ses ancêtres.

Quand le pauvre animal, que les siens étaient obligés de soutenir de tous côtés, parùt être arrivé dans un lieu favorable, ses gardiens l'abandonnant lui appliquèrent ne légère poussée, et le géant des forêts, qui depuis deux siècles et plus peut-être se promenait à l'ombre des ficus, des banians et des tamariniers, tomba en poussant un hurlement plus éclatant, plus douloureux que les autres, puis il commença à râler, la mort approchait, et de tous les côtés, les aras, ces merles métalliques, et les petits singes noirs qui s'étaient déjà installés sur les branches où ils devaient passer la nuit, fuyaient en poussant des cris pleins de frayeur, pendant que les chacals faisaient entendre leur glapissements joyeux dans les buissons... Ils ne devaient pas attendre que le pauvre animal fût mort pour commencer à le dévorer.

Au moment où les éléphants se retiraient, une imprudence de Luciens, qui s'était trop avancé, nous fit apercevoir dans le fond de la clairière où nous nous étions abrités.

Ils s'élancèrent sur nous.

— Nous sommes perdus, fit Ocbi-Fekoué, qui, comme la plupart des siens, n'était brave contre ces animaux que quand il pouvait leur décocher sa flèche empoisonnée, dans une fosse habilement dissimulée où il avait fait tomber quelque imprudent.

— Que faut-il faire? dis-je rapidement à Ourano.

— Il faut, répondit le guerrier beninien, leur envoyer un coup de carabine, cela pourra les effrayer, car ils n'ont sans doute jamais dû entendre le bruit d'une arme à feu.

Tous les esclaves porteurs avaient déposé leurs fardeaux et s'étaient réfugiés dans les arbres.

Seuls les soldats Beniniens, l'arme au bras, n'avaient pas bougé, ils attendaient des ordres.

Il n'y avait pas à hésiter.

Je fis un signe à Patrick, qui commanda le feu à volonté.

Pendant près d'une minute ce fut un roulement à ébranler la forêt ; nos hommes avaient épuisé sans s'arrêter les douze cartouches de leur carabine-revolver ; mais nous pûmes constater avec joie qu'en entendant cette subite explosion les éléphants s'étaient à l'instant même arrêtés ; après quelques secondes d'hésitation, le bruit infernal continuant, ils nous tournèrent le dos brusquement, et en moins de rien disparurent dans les profondeurs de la forêt.

Ocbi-Fekoué avait disparu au moment du danger ; quand il vint nous rejoindre il nous déclara effrontément qu'il ne s'était sauvé que dans notre intérêt.

— Rien, nous dit-il avec un sang-froid imperturbable, n'aurait pu retenir les terribles animaux, s'ils avaient reconnu avec nous le grand chasseur d'éléphants, c'est pour cela que je me suis caché.

Notre africain était en effet de sa caste et de sa famille chasseur d'éléphants.

Nous nous contentâmes de lui rire au nez et il comprit que nous n'étions pas dupes de sa hablerie.

Nous reprîmes notre marche, et au bout de dix minutes environ nous atteignîmes le campement que notre guide avait choisi pour que nous puissions y passer la nuit.

Chemin faisant nous nous entretenions de l'aventure dont nous venions d'être les témoins, et Ocbi-Fekoué nous affirma que toutes les stations d'éléphants avaient ainsi leur cimetière, où ils conduisaient leurs mourants à coup de trompe pour débarrasser leur kraal des émanations des cadavres en putréfaction.

Quand un des leurs vient à mourir de mort subite, ils le traînent au lieu ordinaire de leur sépulture.

Ocbi-Fekoué était ce jour-là en veine de récit, et j'en profitai pour le mettre à contribution.

On ferait un volume avec les choses merveilleuses qu'il nous conta, et je pus observer que l'éléphant d'Afrique avait les mêmes mœurs et les mêmes habitudes que celui que j'avais déjà observé dans les vastes forêts de Ceylan et dans les djengles de l'Inde.

Comme lui, il vit en société, et il reconnaît des chefs auxquels il obéit aveuglément. Cette société a des lois parfaitement définies.

Les anciens seuls, a qui appartient l'exercice de l'autorité, ont le droit de faire changer les campements de leur kraal lorsque la nourriture commence à manquer dans les contrées où les éléphants se sont établis.

Ce sont eux également qui, tous les soirs, distribuent à chacun sa part dans la récolte commune de fourrage, de racine et de fruits.

On commence par servir les jeunes éléphants qui ne tétent plus, puis les mères, puis enfin les mâles.

Ocbi-Fekoué nous l'affirma pour l'avoir vu nombre de fois. On réserve pour les vieillards les herbes et les fruits les plus tendres, et ce n'est que quand ils sont servis que les autres reçoivent leur part à leur tour.

J'ai pu, dans diverses excursions que je fis avec le chasseur indigène, m'assurer de l'exactitude de ses assertions.

Chose remarquable, tous les petits sont élevés en commun, et bien que les mères connaissent parfaitement leur progéniture, elles donnent indifféremment le sein aux autres petits du même kraal, quand le leur est rassasié bien entendu.

Quelques naturalistes ont prétendu que si

on enlevait pendant quelques jours à sa mère un jeune éléphant qui vient de naître, cette dernière ne le reconnaîtrait plus au milieu de tous les petits du troupeau, et ils sont partis de ce fait pour nier l'intelligence de l'éléphant.

Je m'inscris absolument en faux contre ce fait ; mais en admettant pour un instant la possibilité de son existence, il ne faudrait pas s'en servir contre l'éléphant seulement.

Enlevez à une femme son enfant au moment de sa naissance, et au bout de cinq ou six jours conduisez la nouvelle accouchée dans une salle au milieu de cinquante à soixante bébés du même âge, et demandez-lui de reconnaître le sien.

Elle en sera parfaitement incapable. Qu'est-ce que cela prouve contre son intelligence ?

L'éléphant a ses détracteurs en histoire naturelle... mais je suis heureux de le défendre chaque fois que j'en trouve l'occasion, d'abord pour rendre hommage à un vieil ami qui pendant mes quatorze années de courses aventureuse autour du monde, m'a rendu les plus signalés services, et ensuite parce que je tiens à accomplir une œuvre de justice, en *replaçant* au premier rang dans la nature, le plus noble, le plus intelligent et le plus fidèle animal qui existe sur notre globe.

Le véritable roi des animaux, c'est l'éléphant et non le lion, et il n'est pas nécessaire de faire une révolution scientifique pour enlever à ce dernier sa couronne et le faire descendre de son trône usurpé.

Buffon a dit :

« L'éléphant, si nous voulons bien ne pas nous compter, est l'être le plus considérable de la création. »

En effet, nul être vivant, pas même l'homme aidé des moyens d'action que son industrie lui a procuré, ne pourrait triompher par la force. Il n'est pas d'entraves qui lui résistent, pas de cage ni de prison où on le puisse faire entrer s'il n'y consent.

On peut le tuer avec des engins de guerre, le faire tomber dans une fosse ou le faire périr avec des flèches empoisonnées en lui tendant des embuscades... On ne le soumet pas sans sa volonté ; il ne s'apprivoise pas comme les autres animaux par la force de l'habitude et des privations, il faut le civiliser par la raison.

Le fauve, dont on se rend maître, a des retours à la vie sauvage ; il faut le garder dans des lieux bardés de fer ; puis un beau soir, sous les feux de la rampe, un éclair lui passe dans l'œil, il voit rouge : au lieu de sauter dans le cerceau que lui tend le belluaire, il s'élance sur lui, le met en pièces devant la foule abrutie par l'épouvante.

L'éléphant qu'on civilise ne songe plus aux djengles où s'est écoulée sa jeunesse ; libre, il ne retourne plus aux désert. Il n'a pas la nostalgie des grands bois et des vastes plaines où naguère il pâturait jusqu'au ventre.

L'homme l'attire, il devient son ami fidèle, le compagnon de ses travaux.

Je l'ai rencontré à Ceylan, sur les longues routes poudreuses de l'Indoustan, sur les marchés de Benarès, dans les djengles, dans les forêts de la Birmanie et de l'Indo-Chine, dans les vastes solitudes de l'Afrique centrale, partout je l'ai vu meilleur que l'homme qui l'exploite dans sa force, dans son intelligence, dans sa bonté ne demander pour les services qu'il lui rend, qu'un peu d'affection et de bons traitements.

On n'a qu'une chose à craindre de lui ; son vaste cerveau est sujet à cette étrange et mystérieuse maladie des civilisés… la folie.

Alors il ne connaît plus personne, n'a plus conscience de lui-même, et comme on ne peut mettre la camisole de force à ce fou-là, il faut, cela est arrivé à Genève il y a quelques années, l'abattre à coup de canon.

Mais qu'on se rassure, les cas de folie furieuse sont tellement rares qu'on les cite ; le plus souvent, quand le pauvre animal perd la raison, il se retire dans quelque coin de l'habitation, refuse toute nourriture et succombe au bout de quelques jours, sans que rien puisse le soustraire à la maladie noire qui l'emporte.

Dans ce cas, les Indiens disent dans leur poétique langage qu'il est mort le cœur brisé.

Avec cet admirable animal, il faut rayer le mot d'instinct de notre langue, car il se souvient, comprend, raisonne, compare, associe ses idées et accomplit ces deux opérations de comparaison et de jugement, qui sont la base même de l'intelligence.

En vérité, soit comme force brutale, soit comme force intellectuelle, quelle piètre figure ferait le lion en face d'un pareil adversaire.

N'en déplaise à Aristote, qui, je crois, a sacré le lion roi des animaux et des forêts, ce dernier se voit arracher sa royauté par la science moderne; son courage n'est qu'une férocité aveugle et irraisonnée, sa générosité n'est qu'une fable sentimentale. On l'avait sacré roi, et il fallait lui octroyer des qualités que la flatterie prête toujours aux rois.

Cruel et stupide, ce félin ne doit pas être placé comme intelligence au-dessus du tigre ou de la panthère.

On ne se paye plus de légende, et l'écrivain grec serait bien étonné s'il pouvait voir non seulement son lion détrôné, mais encore tout le passé de ruine que l'esprit moderne laisse derrière lui dans son ascension rapide vers le progrès scientifique par l'examen, la critique et la raison.

Oui, après l'homme, au point de vue de l'intelligence, l'éléphant occupe le premier rang dans la nature.

Et cet étrange et puissant animal n'est pas né d'hier ; il existe plus de dix espèces d'éléphants fossiles ; on en a retrouvé des troupeaux entiers conservés depuis des millions d'années dans les glaces de la mer Blanche.

Qui nous dira quel mouvement géologique ou sidéral a causé le cataclysme qui, des vastes forêts de l'Asie, a refoulé ces animaux vers les pôles et les a encastrés au milieu des glaciers, qui, depuis des siècles, n'ont point rendu leur eau à la circulation circonterrestre.

Mystère profond qui se rattache aux mouvements périodiques de notre globe s'opérant dans des cycles millénaires à de telles distances que l'histoire humaine n'en peut garder le souvenir, et que dès lors nous ne pouvons expliquer; car, entre deux périodes d'action, des civilisations, des générations de peuples disparaissent sans que leur souvenir survive autrement que par des fables inexpliquées, aux cataclysmes partiels qui les ont enfouis dans l'oubli.

L'éléphant d'Afrique est généralement plus petit que son congénère asiatique; on le prétend aussi moins intelligent et moins sociable.

Je ne saurais partager cette opinion. Quand on donne pour la soutenir l'exemple de l'abandon dans lequel le laissent aujourd'hui les Africains qui n'essayent pas, dit-on, de le domestiquer sous prétexte qu'ils ont reconnu la chose impossible, on oublie trop légèrement qu'il n'en a pas toujours été ainsi.

En effet, les éléphants d'Annibal ont montré que les Carthaginois savaient admirablement les dresser soit à la guerre, soit aux ouvrages de la vie civilisée.

Les victoires d'Heraclée et d'Asculum que Pyrrhus, roi d'Epire, gagna sur les Romains, ne furent dues qu'à la terreur qu'inspirèrent les éléphants de guerre, qu'il tirait de la côte africaine, aux soldats de Rome.

Les éléphants gladiateurs, que l'on vit plus tard à Rome sous les empereurs, descendre dans le cirque et combattre à la pique et à l'épée hommes et bêtes, avaient la même provenance.

Devant les chasses qu'on lui fait, l'éléphant se retire peu à peu du Soudan et de la Nigritie; il a fui vers les grands lacs de l'intérieur et s'est répandu dans le Congo, la Mozambique et les autres contrées de l'Afrique australe, dont les profondes solitudes favoriseront longtemps son développement et sa vie paisible.

Puis, là comme ailleurs, la civilisation en fait son œuvre. La civilisation qui, sous prétexte du progrès, bouleverse tout, détruit tout dans la nature au profit de l'homme.

Les marchandises des blancs sont venues tenter les nègres d'Afrique, et ils se sont mis à traquer le géant des forêts, le poursuivant, le détruisant par tous les moyens en leur pouvoir pour se procurer de l'ivoire qui sert à leurs échanges, et ils ne se sont plus inquiétés de l'attirer à eux par de bons traitements, n'ayant plus à lui demander en retour des services dont ils n'avaient que faire.

Une dent d'éléphant rapporte plus à ces brutes, en rhum, en étoffes, en poudre que six mois de travail, et l'Africain aime mieux tuer l'éléphant pour lui prendre son ivoire que de travailler avec lui.

Il n'y a donc rien d'étonnant à ce que l'éléphant d'Afrique soit en apparence moins susceptible de civilisation que celui d'Asie.

Il y a des hérédités qu'on ne saurait nier, et il est logique de penser que l'éléphant traqué depuis cinq ou six siècles par les noirs, soit habitué à fuir le voisinage de l'homme et à considérer ce dernier comme son ennemi.

Tous les animaux, du reste, même ceux d'une intelligence inférieure, sont ce que la bonté ou la méchanceté des hommes les font, suivant les contrées qu'ils habitent.

Voyez le corbeau!

Chez nous, il vit par bandes, ne se laisse pas approcher, et à la moindre alerte s'élance très haut dans les airs... Pourquoi? parce que l'homme, ignorant comme toujours des services que peuvent lui rendre les animaux qui vivent autour de lui, l'a toujours proscrit, poursuivi, tué, pour l'unique plaisir de détruire cette bête entre toutes.

Voyez, au contraire, cet animal dans l'Inde où la loi et les mœurs le protègent d'une façon absolue, car il est le grand voyer du pays, il devient si familier qu'il ne quitte pas les balustrades des terrasses, entre dans notre salle à manger pour ramasser les miettes, pénètre dans la cuisine où il goûte aux plats avant nous, et s'en va tranquillement picorer avec les poulets à l'heure de la pâtée.

J'ai vu quelquefois les domestiques indigènes les repousser du pied doucement pour défendre leur carry, et maître corbeau, sans quitter la place, faire respecter son droit de cité, à coup de bec et d'ailes.

Il est incontestable que le peu de sociabilité de l'éléphant actuel de l'Afrique est dû aux chasses nombreuses dont il a été l'objet et à la brutalité des populations qui l'entourent.

Un exemple va achever de le prouver. Autrefois le meurtre de l'éléphant, dans l'Inde, était puni de mort. Depuis que les rajahs et les brahmes ont perdu leur puissance et que le gouvernement de leur pays est passé aux mains des Européens, ces derniers, les Anglais surtout, ne se font pas faute de poursuivre les éléphants; et à tous les plaisirs intelligents déjà inventés par eux tels que courses de chevaux, la boxe, les combats de coqs, de dogs, les massacres des pigeons, les citoyens d'Albion ont ajouté le sport de l'éléphant.

Hurrah! pour les braves gens; ils se font construire de solides abris sous bois, sur le passage que suit habituellement un troupeau d'éléphants qui se rend à l'abreuvoir, et de leur blockhaus, élevé sur quelque multipliant inaccessible, ou entre les branches d'un banian séculaire, caché par un épais feuillage, ils tirent sans danger avec des cartouches explosibles sur les éléphants qu'ils ont pu viser à loisir et sans danger.

J'ai connu à Ceylan un major anglais qui se vantait d'en avoir tiré par ce moyen plus de deux mille en vingt ans; je ne pus m'empêcher de le regarder avec dégoût, la première fois que je l'entendis faire honneur de cet exploit aussi lâche que brutal.

Pourquoi cette stupide dépopulation d'un animal si utile et qui ne demande qu'à vivre côte à côte avec l'homme, en le servant et en accomplissant pour lui la portion la plus rude de ses travaux.

Toujours est-il que les Anglais, à Ceylan et dans l'Inde, imitent, sous prétexte de chasse, la barbarie des noirs du Niger et du Congo.

Hé bien, il est un fait que l'on a parfaitement constaté, c'est que depuis un siècle environ, l'éléphant sauvage, dans l'Inde et à Ceylan, s'est retiré beaucoup plus loin des centres habités, et qu'il devient de jour en jour plus difficile de l'aborder.

Depuis quelques années cependant, les

Anglais les ont dressés pour la guerre, à l'initiative des rajahs; ils les ont divisés en escouades avec des chefs de file qu'ils connaissent et auxquels ils obéissent aveuglément.

Ils servent spécialement à l'artillerie et rendent les plus grands services.

Sans eux, jamais l'Angleterre ne fut venue à bout de sa guerre d'Abyssinie.

Partout où, au lieu de bêtes de somme, il faut des porteurs intelligents, cet admirable animal est là pour suppléer l'homme et lui prêter le concours de sa force colossale.

Aujourd'hui qu'ils ont pu apprécier les services que rend l'éléphant, pourquoi les Anglais ne proscrivent-ils pas le meurtre de ce bravo et fidèle serviteur?

Mais c'est affaire à eux, et vous persuaderez difficilement à un de ces insulaires, que la vie d'un animal puisse compter devant son plaisir.

Les mœurs des éléphants d'Afrique sont des plus intéressantes à étudier, et ce n'est as la seule rencontre que j'eus avec ces puissants animaux pendant mon voyage à travers le Yebou.

Ce pays a conservé ses immenses et impénétrables forêts, asiles favorables au développement de ces intelligents animaux, et il m'est arrivé souvent de pouvoir les examiner à loisir dans leurs ébats.

A la moindre alerte, les chefs poussent un cri bien connu de leurs campagnons; aussitôt les petits, dirigés par les mères, sont placés au centre, ces dernières les entourent, et les mâles composent la dernière barrière, et soit qu'on attende le choc de l'ennemi, soit qu'on se mette en marche, on n'abandonnera plus cette position.

Quelquefois dans les vastes solitudes du Yarriba et du Borgou, deux partis opposés d'éléphants s'abordent : la lutte est terrible, les arbres volent en éclats comme de faibles roseaux, la forêt retentit des cris des combattants, les blessés et les morts jonchent le sol, quelques mâles survivants se sauvent au plus épais des bois, et les vainqueurs adoptent les enfants et les familles des vaincus.

Des punitions sont administrées par les chefs aux esprits insoumis, et il n'est pas rare de voir un jeune éléphant saisi par des anciens, recevoir en criant comme un écolier une série de coups de trompe qui sont toujours le prix d'un acte d'insubordination.

En marche, quand le kraal change de station et s'en va à cent, deux cents lieues même du séjour qu'il abandonne, les éléphants campent tous les soirs dans la même position qu'ils adoptent pour la route ou le combat.

Mais ces précautions ne leur suffisent pas ; ils placent aux avant-postes un certain nombre d'entre eux qui leur servent de sentinelles avancées.

Les chefs qui dirigent le troupeau vers le point inconnu, où toute la tribu va s'établir, choisissent toujours ces campements du soir avec une rare intelligence ; il y a toujours à quelques pas de là un ruisseau d'eau douce et de l'herbe verte pour le repos.

Il est une époque de l'année, celle du

reste où l'autorité des anciens supporte de rudes atteintes et parfois même est entièrement méconnue, les femelles quittent le kraal, et s'en vont errer sous bois en compagnie des jeunes mâles qu'elles attirent sur leurs pas... mais ce n'est pas tant que de suivre les coquettes, ce n'est pas tant même que d'être choisis par elles, les chevaliers doivent encore sortir vainqueurs du tournoi, et les favorisés vont avoir à soutenir de rudes combats avec les *dédaignés* pour arriver à la possession de leurs conquêtes.

Le village est presque désert, les vieillards sont restés, n'ayant plus d'autres consolations que celles du souvenir... *Laudatores temporis acti.*

Cependant tout s'est calmé, peu à peu les couples se sont assortis, et chose étrange que je n'oserais affirmer si je n'avais non seulement le témoignage de tous les noirs chasseurs, guides et rabatteurs que j'ai interrogés à ce sujet, mais encore celui de mes yeux, chaque couple une fois d'accord, s'isole pendant la saison des amours.

Ils s'en vont pendant un mois, six semaines, deux à deux, cacher leurs ébats dans les réduits les plus profonds de la forêt, puis ils reviennent à la vie commune ; mais une fois rentrés, ils ne s'oublient plus. La lutte n'a lieu chaque année entre les mâles que pour la possession des jeunes femelles qui atteignent l'âge adulte ; les anciens restent unis par couple, et la mort seule peut dissoudre cette union.

La pudeur de l'éléphant, dont on a tant parlé, n'est pas une invention de voyageurs; cet animal aime peu à livrer à des yeux profanes le secret de ses amours, et c'est ce qui explique qu'il ne se reproduise pas facilement dans les cases incommodes et tristes qu'on lui donne pour habitation en Europe.

Dans les grandes plantations de Ceylan et de l'Inde, où ils ont l'espace et la permission d'errer en liberté, les femelles sont aussi fécondes qu'à l'état sauvage. Ce n'est donc pas la domesticité de l'éléphant qui nuit à la reproduction.

L'éléphant d'Afrique si peu connu, si

peu observé jusqu'à ce jour et comme conséquence si mal apprécié, doit être complétement réhabilité ; ses mœurs à l'état sauvage sont de tout point semblables à celles de son congénère des djengles de l'Asie. Comme lui, il vit en société dans une espèce de phalanstère, et l'intelligence qu'il y développe montre qu'à l'état civilisé il rendrait à l'homme les mêmes services et serait un compagnon aussi utile et aussi fidèle. Il suffira pour cela de ne plus le traiter en ennemi.

A notre arrivée à la cour de Oba-Ochoué, le souverain du Yebou, nous ne fûmes pas peu étonnés du voir une troupe d'éléphants préposés à la garde du palais du roi, ce qui me confirma dans mon opinion que l'éléphant d'Afrique était parfaitement susceptible d'éducation, et que Pyrrhus et les Carthaginois n'avaient point tiré d'Asie ceux dont ils s'étaient servis.

Je parlerai bientôt du service fait par ces animaux à Hodé-Yebou. Les éléphants ne sont pas les seuls animaux que nous rencontrâmes dans les interminables forêts qu'il nous fallût traverser. Le gorille et le chimpanzé habitent aussi ces épais et mystérieux réduits.

Il était d'une croyance commune que le gorille ou grand singe africain ne se rencontrait guère qu'aux environs de l'équateur, et principalement dans la partie australe, aussi ne fus-je pas peu étonné, lorsque, pour la première fois, je me trouvai face à face avec le terrible animal, dans les forêts du Yebou.

Les indigènes et Ocbi-Fekoué nous avaient bien parlé d'un grand singe, qui marchait debout comme l'homme, et qui ne craignait ni les lions ni les tigres, ni même les éléphants ; mais, pour ma part, j'avais mis tout cela sur le compte de l'exagération nègre, ne trouvant pas admissible la présence du gorille dans le bassin du Niger ; il fallut bien me rendre cependant.

Le sixième jour de notre départ, comme nous levions le camp quelques instants après l'apparition du soleil, j'entendis des cris en tête de la caravane, et nous vîmes M. Zims et Charly, qui avaient pris la tête ce matin-là contre mes ordres, car je voulais toujours des guerriers en avant, se replier avec tous les signes d'une terreur folle; sans perdre mon temps à les interroger, je me portai en avant avec Luciens et Ourano, et nous aperçûmes à vingt mètres environ de nos soldats Beniniens, qui avaient croisé la bayonnette attendant un ordre pour agir, un monstrueux gorille, debout et se frappant la poitrine avec rage, s'apprêtait à nous disputer le passage.

Il n'y avait pas à hésiter, un instant d'oubli et il y avait mort d'homme, la première attaque du gorille étant toujours impétueuse et irrésistible.

Sur le commandement de Patrick, les Beniniens firent jouer leur carabine, et le gorille tomba le corps percé de plus de dix balles.

La mort avait été foudroyante, car plusieurs projectiles avaient frappé au cœur et à la tête.

Je m'approchai de l'animal.

C'était bien un gorille, je ne pouvais m'y tromper; j'avais déjà eu l'occasion de rencontrer ce terrible singe au Congo, sur la côte de Mozamba et les forêts qui vont du Loango au Gabon.

Celui que les Beniniens venaient de tuer était le plus grand et le plus fort que j'aie encore vu.

Je le mesurai, sa taille dépassait un mètre quatre-vingt-quinze centimètres, ses épaules avaient le double au moins du développement de celle de l'adulte le plus fort; quant à son bras, il était plus gros, plus musculeux que la cuisse de l'homme vigoureux. La science n'a pas encore dit son dernier mot sur cet étrange et mystérieux animal, que peu de voyageurs ont eu la bonne fortune de rencontrer.

Il est certain que comme forme et comme construction anatomique, c'est celui de tous les êtres vivants qui se rapproche le plus de la conformation humaine.

Le sujet offre un tel intérêt, cet animal dans lequel on a voulu voir l'ancêtre de l'homme, a donné lieu à tant de systèmes différents, que le lecteur me saura gré de saisir cette occasion de lui consacrer une étude spéciale qui sera bien, je crois, la plus complète qui existe. Aussi bien notre caravane est en marche, elle n'atteindra Hodé-Yebou que dans cinq ou six jours, nous avons les loisirs d'étudier l'animal mystérieux qui règne en maître dans les forêts que nous traversons...

Le gorille est un anthropoïde.

Les anthropoïdes, du grec ανθροπος, homme, comme leur nom l'indique, se rapprochent beaucoup plus de la forme humaine que leurs congénères des autres familles, et le gorille est plus voisin de l'homme par son organisation, qu'il ne l'est du chimpanzé et des autres individus les plus parfaits de son propre groupe.

La taille du gorille varie entre 1^m,70 et 1^m,90, ses ongles sont plats, sa face est dépourvue de poils excepté sur la lèvre supérieure et au menton. Au sommet et à l'arrière de la tête, le poil s'allonge par touffes, ainsi qu'un commencement de chevelure.

Son encéphale pèse de cinq cents à cinq cent soixante-dix grammes, sa poitrine et ses épaules sont au moins comme développement le double de celles de l'homme.

Il ne possède pas de queue, et n'a aucune callosité aux parties charnues du derrière. Sa colonne vertébrale est organisée de façon qu'il peut se tenir droit comme l'homme, s'aider de ses mains pour marcher comme les autres singes, et grimper aux arbres avec l'agilité d'un félidé.

Son nez est long, élevé à la racine, et déprimé près du bout, ses canines dépassent les incisives en longueur, et ses dents sont en rangées continues et en même nombre que chez l'homme. Il est frugivore, et chose bien extraordinaire, sa femelle possède un retour périodique mensuel, et elle accouche d'un seul petit, qui ne peut se tenir sur ses jambes et marcher qu'au bout de neuf à dix mois d'allaitement. Il se construit enfin une sorte de cabane avec des tiges de bambous et des branches d'arbre.

Parmi les analogies les plus frappantes du gorille avec l'homme, l'une des plus singulières est la longueur de l'humérus du bras, qui est supérieure à celle de l'avant-bras. Semblable chose ne s'observe point chez le chimpanzé.

Je crois qu'il ne sera pas sans intérêt de donner un résumé rapide des analogies qui s'observent entre les trois êtres qui se ressemblent le plus dans la nature, par leur structure anatomique : l'homme, le gorille, le chimpanzé.

D'après les études des professeurs Owen et Geoffroy Saint-Hilaire : le bras descend, chez l'homme, jusqu'au milieu de la cuisse, chez le gorille, il s'approche du genou, chez le chimpanzé, il le dépasse. Chez le gorille, l'humérus est moins long porportionnellement au cubitus, que celui de l'homme, mais il est plus long que chez le chimpanzé.

Les omoplates sont plus larges chez le gorille que chez le chimpanzé, et se rapprochent plus des proportions de cet os chez l'homme. Mais l'analogie la plus décisive avec la structure humaine est celle que présentent les os iliaques ou os coxals.

De tous les singes, le gorille est le seul chez qui ces os soient courbés en avant, de manière à produire une concavité dans le pelvis, pas un autre singe ne les a aussi larges en proportion de leur longueur.

Les membres inférieurs, quoique singulièrement courts chez le gorille, sont cependant plus longs proportionnellement aux membres supérieurs et au tronc que chez le chimpanzé, mais les deux points de comparaison sur lesquels on peut surtout se guider sont le talon et l'hallus ou gros orteil.

Le talon chez le gorille a beaucoup plus de saillie que chez le chimpanzé, le calcaneum est relativement plus gros, plus développé dans le sens vertical à son extrémité postérieure, et en outre il est tout aussi long. Enfin il est bien mieux taillé sur la forme et les proportions du calcaneum humain que celui de tous les autres singes.

Quoique le pied soit articulé à la jambe avec un léger relèvement de la plante, ce pied est cependant plus plantigrade chez le gorille que chez le chimpanzé.

Un gros orteil fournissant point d'appui, soit pour se tenir debout, soit pour marcher, est peut-être le caractère le plus particulier de la structure humaine ; c'est ce caractère qui fait la différence du pied et de la main, et donne le cachet à l'ordre bimane que l'homme est seul à représenter. Il suit de là que chaque degré du développement du gros orteil chez le quadrumane est un pas fait vers la ressemblance humaine.

Chez le gorille comme chez le chimpanzé, cet orteil ne dépasse pas la première phalange du second doigt, mais il est plus gros et plus fort chez le gorille que chez le chimpanzé. C'est chez tous les deux un véritable pouce écarté des autres doigts, dont il s'éloigne chez le gorille au point de faire un angle de 60° avec l'axe du pied.

Pour la grosseur proportionnelle des molaires comparées aux incisives, le gorille se rapproche encore de l'homme d'un degré de plus que le chimpanzé.

Chez ce dernier singe, les quatre incisives de la mâchoire inférieure occupent une place égale à celle des trois premières molaires... tandis que chez l'homme et chez le gorille, les quatre incisives sont égales seulement aux deux premières molaires et à la moitié de la troisième.

Les proportions relatives de la branche ascendante et de la branche horizontale témoignent d'une certaine affinité entre le gorille et l'homme. Dans le profil de la mâchoire inférieure, tirez une ligne verticale, depuis la saillie qui termine en avant la branche montante de l'os maxillaire inférieur, et comparez-la à la longueur horizontale de l'alvéole chez l'homme et le gorille, vous trouverez qu'elle est de sept dixièmes, et pour le chimpanzé de six dixièmes seulement.

Il résulte de ces comparaisons que de tous les quadrumanes anthropoïdes, le gorille est celui dont la structure anatomique se rapproche le plus de celle de l'homme. Il n'en faudrait cependant pas conclure, même en admettant la théorie de

Darwin, que le gorille soit l'ancêtre de l'homme. Cette opinion soutenue par quelques anthropologistes n'est qu'une hypothèse qui n'a rien de scientifique. Nous avons signalé les points de contact pour indiquer simplement que cet animal se rapproche plus de la structure humaine que les autres singes, mais si nous avions une comparaison à faire entre le gorille et l'homme, nous verrions que ces deux êtres sont à une si énorme distance, qu'il faudrait plusieurs séries d'individus intermédiaires pour pouvoir les relier entre eux, et ces séries d'animaux, avançant chacune d'un ou de plusieurs degrés dans la perfection anatomique et physiologique ne se rencontrent nulle part, ni parmi les fossiles dont la science reconstitue aujourd'hui les formes disparues, ni parmi la foule d'êtres actuellement existants.

On nous répond que ces séries de formes vivantes plus perfectionnées ont disparu, que les plus parfaites parmi les primates-singes sont arrivées à la dignité humaine par la conquête de la parole, et que les autres trop faibles, dans cette lutte pour la vie, ont été atteintes par métamorphose regressive.

C'est une théorie qui nous vient en grande partie d'Allemagne, et à laquelle on se hâte beaucoup trop de donner droit de cité chez nous. Au début de ces études sur les animaux, il nous paraît utile d'indiquer très rapidement quelles sont les doctrines physiologiques qui les dominent et les dirigent, la question du singe, ancêtre de l'humanité, va nous en fournir l'occasion.

Précisons bien d'abord les tendances d'une école qui se prétend nouvelle et qui ne fait que rééditer les vieux systèmes naturalistes de l'Asie.

« Rien, dit M. Hœckel, n'a dû ennoblir et transformer les facultés du cerveau de l'homme, autant que l'acquisition du langage. La différenciation plus complète du cerveau, son perfectionnement et celui de ses plus nobles fonctions, c'est-à-dire des facultés intellectuelles marchèrent de pair, et en s'influençant réciproquement, avec leur manifestation parlée. C'est donc à bon droit que les représentants les plus distingués de la philologie comparée, considèrent le langage humain comme le pas le plus décisif qu'ait fait l'homme pour se séparer de ses *ancêtres*. C'est un point que Schleicher a mis en relief dans son travail sur l'importance du langage dans l'histoire naturelle de l'homme. Là se trouve le trait d'union de la zoologie et philologie comparée, la doctrine de l'évolution met chacune de ses sciences en état de suivre pas à pas l'origine du langage... il n'y avait point encore chez l'homme-singe de vrai langage articulé exprimant des idées. »

Voilà qui est bien entendu : à l'époque où l'homme était encore un singe, il ne possédait pas le vrai langage, le langage articulé. Comme on le voit, messieurs les germains n'hésitent pas, les questions les plus ardues ne les embarrassent guère, ils semblent dire : nous affirmons et c'est assez. Alors que d'autres naturalistes s'épuisent en recherches, qu'il faudra encore pendant des siècles étudier des faits, recueillir des

observations, eux interviennent et disent :
« Quand l'homme était singe »... et la question est tranchée.

Ne cherchez pas à vous éclairer, ne posez pas de questions, on vous répond d'un ton qui n'admet pas de réplique :

« La linguistique, comme toutes les autres sciences naturelles, nous force à admettre que l'homme puise son origine dans l'évolution des formes inférieures... Si nous ne pouvons admettre sans tomber dans des conceptions métaphysiques et puériles, que la faculté du langage articulé ait été acquise un beau jour sans cause, sans origine, *ex nihilo*, il nous faut bien accepter alors qu'elle est le fruit d'un développement *progressif des organes*. Cela suppose avant l'homme, *avant l'être* caractérisé par la faculté du langage articulé, *un autre être* en train d'acquérir cette faculté, c'est-à-dire en voie de devenir homme.

« Ainsi que Schleicher l'enseigne, il faut admettre qu'un certain nombre seulement de ces êtres encore dépourvus de la faculté du langage articulé, mais bien près de l'acquérir, le gagnèrent en réalité sous l'influence de *conditions heures* et dès lors, eurent réellement le droit à la dénomination d'*hommes*, mais que, par contre, un certain nombre d'entre eux, moins *favorisés par les circonstances*, échouèrent dans leur développement et tombèrent dans la *métamorphose régressive*. Nous aurions à reconnaître leurs restes dans les anthropomorphes, gorilles, chimpanzés, orangs, gibbons. »

Voilà donc les singes bien et dûment établis sur le premier degré de l'échelle qui conduit à l'humanité, que dis-je le premier degré?... Un beau jour, ils conquirent le langage et les voilà faits hommes.

Et la science allemande, pour en arriver là, n'a qu'à employer les formes vieillies de raisonnement de la scholastique ; voyez plutôt : l'homme n'est homme que par le langage.

Or nos premiers pères ne parlaient pas.

Donc nos premiers pères furent les

gorilles, les chimpanzés, etc., c'est tout à fait la dialectique d'Aristote.

La nature de tous les corps pesants est de tendre au centre de l'univers. Or tous les corps pesants tendent au centre de la terre.

Donc le centre de la terre est le centre de l'univers. D'une part comme de l'autre, c'est ce qu'il faut démontrer, que l'on considère comme prouvé dans les prémices.

Les naturalistes de cette époque ne devraient point tant médire de la vieille métaphysique, car ses formules surannées ne leur sont point aussi étrangères qu'ils voudraient le faire croire.

Donc, dans la donnée des disciples de Schleicher, les gorilles, les orangs-outangs, et autres mammifères, *sous l'influence de conditions heureuses* (au point de vue scientifique cette phrase est adorable), gagnent la faculté du langage articulé et deviennent hommes.

Les auteurs de cette légende sentent parfaitement qu'on va leur dire :

— C'est bien, mais alors montrez-nous donc quelques-uns de ces gorilles, chimpanzés ou gibbons, en train de conquérir le langage articulé et d'arriver à l'humanité.

— Il n'y en a plus.

— Comment cela?

— Ils ont été *moins favorisés par les circonstances* — une nouvelle perle que cet argument — échouèrent dans leur développement et tombèrent dans la métamorphose régressive.

En d'autres termes, ils ont fait un ou plusieurs pas en arrière. Les gorilles et les gibbons actuels sont des candidats malheureux à l'humanité, des aspirants qui n'ont pas été favorisés par les circonstances. Ces influences de *conditions heureuses* et ces *circonstances défavorables* qui font monter et descendre les singes sur l'échelle des êtres et dispensent leurs inventeurs de tout autre argument, en même temps qu'ils les tirent de l'embarras où ils seraient de montrer le chimpanzé en train de conquérir le langage articulé, sont vraiment une merveilleuse trouvaille.

Parmi les millions de singes qui habitent

actuellement le globe terrestre, on n'en peut rencontrer un seul qui soit en voie de transformation ; aussi bien chez lui que chez les autres mammifères la science des faits indiscutables ne nous révèle qu'une chose, la *fixité des espèces,* et l'on ne comprend vraiment pas de quels faits, de quelles observations, l'école naturaliste allemande peut étayer ses doctrines, quand elle vient poser comme un axiome, comme une base, les anthropoïdes au seuil de l'humanité.

Toutes ces belles choses qu'on nous donne comme conceptions nouvelles, ne sont, je l'ai dit plus haut, que la rénovation déguisée de vieux systèmes orientaux qui, pendant des milliers d'années ont fait partie des mystères des initiés, et ont traîné dans les pagodes d'Ellora et d'Elephanta, dans les temples de Memphis et d'Ephèse.

La doctrine des *transformations progressives* et des *métamorphoses régressives,* par laquelle l'animal sous *l'influence des conditions heureuses* arrive à la dignité d'homme, et quand il est sous l'empire *des conditions défavorables*, échoue dans son développement et retourne de plusieurs degrés en arrière, n'est autre que la doctrine de la métempsychose, *ou transformation progressive et régressive*, qui prend l'embryon vital dans la goutte d'eau, dans la plante, lui fait parcourir toute l'échelle des êtres, jusqu'à l'homme, et le fait redescendre aussi dans des degrés inférieurs, lorsqu'il ne parvient pas à s'assimiler ou à conquérir les facultés nécessaires à une existence plus élevée.

A une époque où cette science n'existait ni en dehors du temple, ni en dehors du prêtre, la doctrine sur les transmissions vitales avait été mise sous l'égide de l'idée religieuse comme les règles d'hygiène, comme les lois civiles et criminelles, comme tout ce qui constituait la vie sociale de l'époque ; mais peu nous importe que le savant ancien prêche dans le temple, que le savant moderne enseigne dans le livre, la doctrine des transformations progressives et des transformations régressives, nous ne nous laisserons pas prendre à ce rajeunissement de vieilles choses et de vieux mots, que les cerveaux allemands excellent à déguiser sous des formules nouvelles, et quand ils auront la prétention, comme en l'état, de faire servir leurs rêveries à la constitution d'une science aussi exacte que doit l'être l'*Histoire naturelle*, nous les prierons de nous fournir des preuves plus scientifiques que le passé n'en a données, plus scientifiques que le présent n'en a encore trouvées...

Et si on nous répond par des affirmations dans le genre de celle-ci : « Le premier des primates, le gorille, a mérité le nom d'homme en conquérant le langage articulé. »

Nous renverrons cela dans le stock général des choses à étudier, et nous demanderons pour l'établissement des sciences naturelles, des bases plus solides, que ces épaisses légèretés germaniques.

Toutes ces affirmations, qui méritent à peine le nom d'hypothèses, ne sauraient avoir rien de commun avec l'étude *positive* des faits. La question se résume à cela.

A-t-on rencontré un seul anthropoïde, un seul singe, en train de se séparer de son groupe et de se transformer dans le sens humain? Non, n'est-ce pas!

Hé bien! tant qu'un fait *positif* ne viendra pas démontrer d'une manière irréfragable la possibilité de cette transformation, nous la tiendrons comme non-existante, et à la doctrine du *transformiume* nous préférerons la doctrine de la *fixité des espèces*, sans aucune théorie absolue fermant la porte à l'avenir, et en tenant compte de l'hybridation, du polymorphisme, de l'influence des milieux, de l'intervention de l'homme et de la domestication.

A l'imitation du savant français Lamarque, qui est le véritable auteur de cette doctrine, M. Darwin attribue l'origine des espèces à la modification lente mais continue des formes primitives, tout à fait différentes de ce qu'elles sont devenues; ensuite, moins parfaites lors de leur première apparition, ces formes perfectibles se seraient modifiées graduellement sous diverses influences, parmi lesquelles il établit en première ligne la *sélection naturelle*, c'est-à-dire l'acquisition accidentelle d'un avantage organique, que l'hérédité vient ensuite perfectionner. Et en seconde ligne la *concurrence vitale*, c'est-à-dire la loi en vertu de laquelle, tous les animaux se disputant la nourriture, les mieux organisés doivent l'emporter et les plus faibles périr.

Ce système n'éclaire nullement la question de l'origine des espèces qu'il prétend résoudre, il est contraire à la méthode expérimentale, et a été imaginé *à priori*. Seule la fixité relative des espèces est conforme à l'état actuel de la science.

Le polymorphisme normal ou variations de certaines formes n'implique point la mutabilité, l'espèce varie naturellement, mais elle ne se transforme pas.

L'influence des milieux implique le maintien des espèces autant par leur flexibilité relative et l'adaptation en certaines limites aux conditions d'existence, que par leur impuissance à se transformer, et à vivre dans des milieux différents.

L'action de l'homme sur les animaux, variée, continue, profonde, s'arrête aux appareils de la vie extérieure, elle n'a jamais effacé les traits distinctifs des types.

Les lois de la constitution des races, de l'hérédité, de la procréation concourent à la fois à établir l'unité et la solidarité spécifique.

La durée des races est conditionnelle et souvent éphémère, et le retour au type des ancêtres, s'accomplit dès que cessent les influences des phénomènes qui leur ont donné naissance.

L'hérédité crée entre les descendances des liens puissants qui assurent et maintiennent la constance de chaque type.

Mais la plus haute expression de l'*unité dans l'espèce* est la *génération* qui marque et mesure l'intervalle entre les types distincts; on n'a jamais vu et on ne voit point les espèces se mêler, se croiser indistinctement entre elles, on ne connait point de suites intermédiaires indéfiniment fécondes; autant les espèces sont séparées et les types intermédiaires irréalisables, autant sont faciles et productives les unions entre individus faisant partie du même groupe spécifique.

Je sais que les partisans *quand même* du système auquel M. Darwin a donné son nom, invoquent les siècles à l'appui de leurs théories ; la conquête du plus petit organe exige des périodes incommensurables de temps ; mais en cela, s'ils paraissent échapper à l'argument de leurs adversaires, tiré de l'impossibilité où l'on est de rencontrer un animal en voie de transformation, ils n'échappent pas au même argument retourné contre eux, et qui consiste à leur demander sur quoi ils peuvent baser leurs doctrines, puisqu'ils ne peuvent produire ni un fait présent, ni un fait passé, de variation organique assez important pour créer une espèce nouvelle.

Cette nuit mystérieuse des temps passés, ces siècles écoulés qu'ils appellent à leur aide, leur refusent du reste absolument leur secours, et c'est avec raison que le savant Agassiz a pu leur répondre :

« La zoologie montre qu'à des périodes différentes, il a existé des espèces différentes, mais nulle part on n'a trouvé d'intermédiaires entre celles d'une époque et celles d'une autre époque consécutive. Tous les êtres finis ont fait leur apparition successivement, à de longs intervalles ; chaque espèce d'êtres organisés ayant vécu aux époques antérieures, n'a existé que pendant une période définie, et celles qui existent aujourd'hui, ont une origine relativement récente. »

Ainsi donc, nous repoussons d'une manière absolue dans l'état actuel de la science, la *variabilité illimitée des espèces,* pour admettre la *fixité des espèces,* mais avec fixité absolue dans les traits distinctifs des types, et capables de se modifier quant aux appareils de la vie extérieure.

Le principe qui préside à cette étude est un positivisme strict qui n'admet que des faits démontrés d'une façon expérimentale.

Et c'est parce que nous n'avons rencontré aucun fait de cet ordre que nous repoussons l'opinion des anthropologistes qui veulent voir dans les gorilles, les chimpanzés, les gibbons, les précurseurs immédiats de l'homme. Si, au point de vue anatomique, il y a quelques points de contact, au point de vue psychologique et biologique, il n'y a plus de ressemblances; l'homme est homme, non parce qu'il pousse des sons articulés, mais parce qu'il possède la raison, la liberté, le jugement, la conscience de ses actes. Le gorille est une brute et des plus féroces, fort au-dessous, ainsi que nous allons le voir bientôt, d'une foule d'animaux sous le rapport de l'intelligence. Ce n'est pas cette terrible bête, effroi des populations de l'Afrique australe, qui a jamais pu conquérir l'usage de la parole et arriver à la civilisation.

Après avoir donné au gorille sa véritable place dans la classification naturelle des êtres, je vais aborder le côté pittoresque de cette étude, et suivre le gorille au milieu des vastes solitudes et des épaisses forêts équatoriales, où il aime à cacher sa vie à tous les yeux.

Une rapide notice historique d'abord.

De tout temps les naturalistes eurent la vague notion d'un grand singe africain, marchant au besoin sur deux pieds, et se rapprochant beaucoup plus que les autres de la forme humaine ; cette idée avait certainement pris son origine dans les récits merveilleux des voyageurs.

C'est dans la relation du voyage du carthaginois Hannon autour de l'Afrique, qu'on trouve la première trace de ces contes légendaires.

La citation est intéressante à donner d'après Pline :

« Les Carthaginois ont décidé qu'Hannon entreprendrait un voyage par delà les colonnes d'Hercule pour fonder les cités Lybophéniciennes. En conséquence, il a mis à la voile avec soixante navires de cinquante rames chacun, portant à leur bord trente mille personnes, hommes et femmes, et des vivres et autres provisions, en quantité nécessaire... »

Les voyageurs devaient contourner l'Afrique, et ne s'arrêter que quand ils auraient rencontré le golfe Arabique, c'est-à-dire la mer Rouge.

Voici le passage du Periplus ou voyage d'Hannon, où il est fait allusion au gorille :

« Le troisième jour nous partîmes de cet endroit et passant devant les courants de feu nous arrivâmes à une baie appelée la Corne-du-Sud. Au fond de cette baie était une île comme celle que nous avions déjà rencontrée, puis un lac et dans ce lac une île peuplée de sauvages, c'étaient en grande partie des femmes dont le corps était couvert de poils ; nos interprètes les appelèrent *gorilles*... Nous nous mîmes à leur poursuite, mais nous ne pûmes atteindre les hommes, ils s'enfuyaient avec une extrême agilité, car ils sont *cremnobates*, c'est-à-dire qu'ils escaladaient les rochers et les arbres et nous jetaient des pierres.

« Nous prîmes seulement trois femmes qui mordaient, égratignaient et déchiraient ceux qui les avaient saisies, et qui se débattaient quand nous voulions les emmener.

« Nous fûmes donc obliger de les tuer. On les dépouilla de leur peau que nous emportâmes à Carthage, car nous fûmes obligés de repartir de suite, nous ne pouvions aller plus loin, nos provisions étant épuisées. »

D'après le même historien, qui change le nom de gorilles en gorgones, ces peaux furent placées dans le temple de Junon, où on les voyait encore au temps de la prise de Carthage.

« *Pénétravit in gorgondes insulas Hanno. Pœnorum imperator, prodidit que hirta feminarum corpora viros pernicitate evasisse, duarumque gorgonum inter argumenti et miraculi gracia, in Junonis templum posuit, spectatas, usque ad Carthaginem captam.* »

Malgré le nom de gorilles donné à ces êtres par les interprètes d'Hannon, sont-ce bien des gorilles que le général carthaginois a rencontrés? Quand on connaît les mœurs de ces puissants et sauvages animaux, il est permis d'en douter; en effet, toutes les fois que leurs femelles sont attaquées, ils les défendent jusqu'à la mort, et il ne paraît guère possible qu'ils se soient enfuis, les

5.

abandonnant aux Carthaginois. Il ne me semble pas non plus admissible que ces derniers, eu égard à la force prodigieuse de l'animal, aient pu s'en emparer.

Le gorille attaque et tue le lion.

Après Hannon, il nous faut traverser les siècles, et arriver jusqu'au voyageur Andrew Battel, qui, longtemps prisonnier des portugais à Angola, consacre au grand singe africain qu'il nomme pongo, le passage suivant :

« Le pongo, par toutes ses proportions rappelle l'homme : il est de haute stature, il a une face humaine, les yeux enfoncés et de longs poils au-dessus des sourcils. Son corps est couvert de poils, mais fort peu épais, et d'un brun foncé. Il ne diffère en rien de l'homme, si ce n'est par les jambes qui n'ont pas de mollets. Il marche sur ses pieds de derrière, et porte ses mains croisées derrière le cou. Il couche dans les arbres et se construit un abri contre la pluie.

« Il se nourrit de fruits qu'il trouve dans

les bois et de fourmis, mais il ne mange d'aucune espèce de chair.

« Il ne parle pas et n'a pas plus d'entendement que tout autre bête.

« Les gens du pays, lorsqu'ils voyagent dans les bois, allument du feu pendant la nuit; le lendemain, quand ils sont partis, les pongos viennent et s'asseyent autour du feu jusqu'à ce qu'il soit éteint ; mais ils n'ont pas assez d'intelligence pour l'entretenir en y remettant du bois.

« Ils vont par troupe et tuent les nègres qu'ils rencontrent dans la forêt. Quelquefois ils rencontrent des éléphants qui viennent chercher leur nourriture au même endroit, alors, ils les battent tellement à coups de poing ou avec de gros morceaux de bois, qu'ils les forcent à prendre la fuite en hurlant.

« Les pongos ne se laissent jamais prendre vivants, car leur force est telle que dix hommes n'en viendraient pas à bout, mais on s'empare des petits en leur lançant des flèches empoisonnées.

« Le petit pongo se suspend au sein de

sa mère en s'y cramponnant des deux mains, de sorte que quand on tue une femelle, on prend le petit ainsi accroché à sa mère. Quand un pongo meurt parmi les siens, ceux-ci recouvrent son corps de branchages. On voit très fréquemment de ces espèces de tombeaux dans les bois. »

Ici, nous sommes réellement en présence du véritable gorille, et à part quelques exagérations qu'il faut mettre sur le compte des récits qu'il avait reçus des nègres, Battel a donné, du grand singe, une description qui est encore vraie de nos jours dans la plupart de ses détails.

Bosman, qui a séjourné longtemps en Guinée, parle des grands singes de la façon suivante :

« Ils sont dans le pays par milliers; le premier et le plus commun de tous est celui que nous appelons smitten; il est d'une couleur fauve et devient très grand; j'en ai vu de mes propres yeux qui avaient cinq pieds de haut, presque la taille d'un homme; il est très méchant et très hardi. Un négociant anglais m'a même dit, ce qui paraît à peine croyable, que derrière les forts que les anglais occupent à Wimba, ces singes, très nombreux, sont assez audacieux pour attaquer les hommes.

« J'ai vu des nègres, ajoute le voyageur, en plaisantant, qui assurent que ces singes peuvent parler, et que s'ils ne le font pas c'est qu'ils ne veulent pas s'en donner la peine. Ces singes sont fort laids, et ce qu'il y a de mieux à en dire, c'est qu'ils sont capables d'apprendre tout ce qu'on voudra leur enseigner. »

Tout ceci n'est qu'un amas de racontars indignes recueillis par le voyageur; en effet, on trouve dans ce passage un mélange très intelligent des divers traits qui conviennent à deux espèces de singes très différents l'un de l'autre, le gorille et le chimpanzé.

Si d'un côté on peut reconnaître le gorille à la férocité et au courage avec lequel il s'approche du fort des anglais, pour livrer combat aux hommes, de l'autre, la soumission avec laquelle ils se soumettent à une sorte de dressage, ne peut se rapporter qu'au chimpanzé qui, pris tout petit, s'apprivoise facilement et devient des plus sociables, tandis que le gorille ne s'adoucit pas en captivité et est absolument incapable de recevoir la moindre culture.

Les naturels du Gabon ont coutume de dire, qu'on apprivoiserait plutôt un caïman qu'un n'gena, c'est le nom qu'ils donnent au gorille.

En 1819, le voyageur Bowditch fit paraitre à Londres une relation de voyage à la côte d'Afrique, dans laquelle, racontant une excursion qu'il fit au Gabon, il parle du gorille, en lui donnant pour la première fois le nom de n'gena, sous lequel il est connu des indigènes M'Pongoués.

« Notre sujet de conversation favori et le plus curieux, dit-il, quand il était question d'histoire naturelle, c'était le n'gena, un animal pareil à l'orang-outang, mais d'une taille bien plus élevée; il a cinq pieds de haut et, quatre en largeur d'une épaule à l'autre. On dit que sa main est démesurément longue, et qu'un seul coup de cette main peut donner la mort. Les voyageurs qui vont à Kaybe le rencontrent ordinairement ; il s'embusque dans les fourrés pour tuer les hommes qui passent, et il se nourrit surtout de miel sauvage. Parmi les autres traits sur lesquels personne ne varie, ni hommes, ni femmes, ni enfants, chez les M'Pongoués et Sekianis, on rapporte celui-ci, c'est qu'il se bâtit une cabane, grossière imitation de celle des indigènes, et qu'il dort sur le toit de cette demeure. »

Jusqu'à présent, nous ne nous trouvons en face d'aucun voyageur ayant vu réellement le gorille, et tous n'en parlant que par ouï-dire, lui attribuent, comme Battel, une foule de traits qui appartiennent plutôt à la nature du chimpanzé.

Il était réservé au voyageur Paul du Chaillu de nous donner les détails plus circonstanciés et plus exacts sur cet étrange animal qu'il a chassé et étudié pendant près de cinq années dans l'Afrique équatoriale. Je lui emprunte la description suivante :

« Ma résidence en Afrique m'a procuré de grandes facilités pour nouer des relations avec les indigènes, et comme ma curiosité était vivement excitée par les récits que j'entendais faire de ce monstre si peu connu, je me suis déterminé à pénétrer dans ses repaires et à le voir de mes propres yeux ; c'est un bonheur pour moi d'être le premier qui puisse parler du gorille en connaissance de cause, et si mon expérience et mes observations m'ont démontré que plusieurs des habitudes qu'on lui prête n'ont de fondement que dans l'imagination des nègres ignorants et des voyageurs crédules, d'un autre côté je suis à même de garantir qu'aucune description ne peut donner une idée trop forte de l'horreur qu'inspire son aspect, de la férocité de son attaque et de l'implacable méchanceté de son naturel.

« Il vit dans les parties les plus solitaires et les plus sombres des djengles épaisses de l'Afrique, et de préférence dans les vallées profondes bien boisées ou sur les hauteurs très escarpées ; il se plait aussi sur les plateaux quand le sol est parsemé de gros quartiers de roches, dont il fait ses repaires favoris. Les cours d'eau abondent dans cette partie de l'Afrique, et j'ai remarqué que le gorille se trouve toujours dans leur voisinage. »

Tout en ne perdant aucune occasion d'insister sur les instincts féroces de cet animal et surtout sur sa force prodigieuse qui le rend capable de terrasser et de tuer tous les hôtes de la forêt, même le lion, il renverse en quelques lignes une série de légendes dues pour la plupart, selon lui, à l'imagination ou à la frayeur des nègres qui habitent les mêmes forêts que le grand singe équatorial. Nous verrons cependant que sa sévérité n'est pas toujours de mise.

« Je regrette, dit-il, d'être obligé de détruire d'agréables illusions, mais le gorille ne s'embusque pas sur les arbres pour saisir avec ses griffes le voyageur sans défiance ; il ne l'étouffe pas entre ses pieds comme dans un étau ; il n'attaque pas l'éléphant et ne l'assomme pas à coups de bâton ; il n'enlève pas les femmes de leur village ; il ne se bâtit pas une cabane de branchages dans la forêt, et ne se couche pas sur le toit comme on l'a rapporté avec assurance; il ne marche pas non plus par troupe, et dans ce qu'on a raconté de ses attaques en masse, il n'y a pas l'ombre de vérité. C'est un animal vagabond et nomade errant de place en place, on ne le trouve guère deux jours de suite dans les mêmes terrains. Ce vagabondage provient en partie de la difficulté qu'il trouve à se procurer sa nourriture préférée. C'est un gros mangeur qui sans doute a bientôt fini de dévorer toute la provision d'aliments à son usage dans une espace donné, et qui se trouve bien forcé d'en aller chercher ailleurs, aiguillonné sans cesse par le besoin. Sa vaste panse proéminente, quand il est debout, témoigne assez de son active consommation, et d'ailleurs une si forte charpente et un développement musculaire si puissant ne pourraient se sustenter par une alimentation médiocre.

« Il n'est pas exact de dire, qu'il vit habituellement sur les arbres ni même qu'il y séjourne jamais. Je l'ai presque toujours trouvé à terre, bien qu'il grimpe souvent sur un arbre pour y cueillir des baies ou des noix, mais quand il les a mangées il redescend à terre. Ces énormes animaux ne pourraient pas en effet sauter de branches en branches comme les petits singes. En examinant l'estomac de plusieurs sujets, j'ai pu m'assurer avec une certitude presque absolue de la nature spéciale de leurs aliments ; hé bien ! pour se procurer presque tout ce que j'y ai trouvé, ils n'ont pas besoin de monter sur les arbres. Ils aiment beaucoup la canne à sucre sauvage ; ils sont surtout friands de la substance blanche des feuilles d'ananas, de certaines graines qui croissent près du sol, ils dévorent la sève de quelques arbres, et une espèce de noix dont la coque est très dure, si dure même que nous sommes obligés pour la casser de frapper très fort avec un rude marteau. C'est probablement là une des destinations de cette énorme puissance de mâchoires qui me semblait un luxe inutile chez un animal non carnivore. »

Notre voyageur soutient en outre :

Que le gorille ne dort pas sur les arbres,

qu'il ne vit pas en troupe mais par couples, que les jeunes gorilles se réunissent parfois à quatre ou cinq pour prendre leurs ébats dans la forêt, jamais en plus grand nombre, et que les vieux mâles, sans doute ceux qui ont perdu leur compagne, errent solitaires dans les plus épais des bois et sont beaucoup plus féroces que les autres. Attaqué, le gorille adulte ne recule jamais, et malheur au chasseur qui n'a pas su réserver son feu pour le tirer à bout portant, son fusil dont il voudrait vainement se servir comme d'une massue, est brisé comme un fétu de paille, et lui-même est mis en pièces en quelques secondes. Un seul coup de l'énorme pied armé d'ongles du gorille éventre un homme, lui brise la poitrine ou lui écrase la tête ; de malheureux nègres qui ont voulu lui faire face ont été broyés d'un seul coup. Il n'y a pas d'assaut d'animal dont la soudaineté et la férocité soient plus fatales à l'homme : le gorille saisit ce dernier avec ses grands bras, l'attire sur sa poitrine comme un lutteur, et l'étouffe en broyant ses membres sous ses puissantes mâchoires comme des brindilles de salsepareille sauvage.

L'allure naturelle de ce terrible hôte des forêts africaines, n'est pas sur deux pieds, mais à quatre pattes, et il court avec une extraordinaire vitesse, faisant mouvoir en même temps le bras et la jambe du même côté. Quand il est poursuivi ou qu'il attaque, il pousse un court aboiement aigu et un rugissement qui lui est spécial; la femelle et les petits ne poussent que des cris aigus; les mères ont en outre une sorte de gloussement tendre et vigilant pour appeler leurs petits. Ces animaux gardent la position verticale beaucoup plus facilement que le chimpanzé et les autres singes anthropoïdes.

Leur taille varie comme celle des hommes. M. du Chaillu a rapporté des squelettes de gorilles qui vont de cinq pieds deux pouces à cinq pieds huit pouces; mais le professeur Joffriès Wyman en a recueilli de beaucoup plus grands, un entre autres qui dépassait six pieds anglais.

Moi-même j'en ai rapporté de Mayamba,

sur la côte du Congo, je dirai plus loin dans quelles circonstances, qui mesurait un mètre quatre-vingt-dix centimètres.

La femelle est beaucoup plus petite et plus délicate ; chez les deux sexes, la poitrine est dépourvue de poils, et la tête se garnit, un peu plus tard chez la femelle, un peu plus tôt chez le mâle adulte, d'une sorte de couronne de poils roux assez long qui affectent des airs de chevelure.

Peu de voyageurs après du Chaillu ont pu parler du gorille d'après leurs propres observations ; il faut, en effet, passer de longs mois à la côte d'Afrique et dans les parties les plus malsaines, pour arriver à pouvoir étudier cet animal, dans les vastes solitudes où il se cache. Six mois de séjour à Loango et Mayamba, sur la côte du Congo, à la suite de mon voyage au Niger, me permettront d'ajouter quelques traits personnels aux observations de mes devanciers.

Je ne crois pas que le voyageur que je viens de citer, puisse échapper complètement aux reproches qu'il adresse à quelques-uns de ceux qui l'ont précédé dans l'Afrique équatoriale. J'en veux dire deux points sur lesquels je puis affirmer personnellement son erreur ; on verra bientôt dans quelles circonstances j'ai été à même d'être renseigné sur ce que je vais avancer.

Il n'est pas juste de dire que le gorille ne se construit pas de cabanes de feuillage et qu'il vit d'une façon tout à fait nomade.

Le gorille adulte qui n'est pas encore accouplé, ou le vieux mâle qui n'a plus de compagne, mènent, il est vrai, une vie vagabonde, errant à l'aventure au gré de leurs désirs ou de leur faim ; mais celui qui vit avec sa femelle se construit parfaitement un abri, où cette dernière repose avec son petit pendant que le mâle couché au sommet de l'appenti de feuillage qui a presque toujours un arbre pour support, veille en grignotant quelques racines, quelque ananas sauvage, à ce que rien ne vienne troubler la tranquillité des siens.

Il est un fait d'une vérité absolue, c'est que le jeune gorille téte pendant huit ou neuf mois, et qu'il a besoin pendant une année au moins des soins tout spéciaux de sa mère ; il ne commence à bien marcher qu'à cet âge, n'est très agile qu'à trois ou quatre ans et n'acquiert son entier développement que très tard, au bout de dix à douze ans, d'après les récits de tous les nègres de l'intérieur, qui n'ont jamais varié sur ce point.

Quand je leur posais cette question :

— Combien de temps faut-il au n'gena — c'est ainsi que les naturels du Niger le nomment — pour acquérir toute sa taille?

Ils me répondaient invariablement en me montrant des enfants de dix à douze ans, car ils n'ont, quoiqu'en aient pu dire certains voyageurs, aucune idée du temps. Jamais un nègre ne pourra vous dire son âge, suivant nos formules habituelles, et il ne procède que par comparaison, quand il n'a pas pour marquer la naissance de quelqu'un, son arrivée à la nubilité ou sa mort, un événement important, qui vienne fixer ses souvenirs.

Ainsi, ils vous diront mon fils est né : ou un tel est mort, pendant que l'amiral Pénaud est venu avec la frégate *la Flore* jeter l'ancre au Gabon ou à l'embouchure du Niger, et cela se conçoit, le calendrier, et les souvenirs des ans qui s'écoulent sont des actes de civilisation, dont le Gabonais, le M'Pongoué ou le Pabouin, n'a que faire. Tant que l'homme grandit et se développe, c'est la période des bons génies protecteurs ; quand les premiers signes de décrépitude arrivent, c'est l'influence des mauvais esprits qui se fait sentir ; à force de recevoir des malignes influences, l'homme se courbe vers la terre et il finit par mourir, quand ses cheveux sont tout blancs depuis longtemps, voilà toute la science du Gabonais ; quant à partager cette existence ou la fractionner en années et en mois, il n'en a cure, il se contente de vivre.

Mais il ne suit pas de cette légèreté de caractère que l'on doive absolument rejeter tout document émané des indigènes, quand ils n'ont intérêt, ni à vous tromper, ni à exagérer leurs récits par des motifs de terreur ou de superstition.

Je crois donc absolument aux faits dont les Pabouins ou Faus, comme on les appelle au cap Lopez, m'ont fait part sur la première enfance du jeune gorille, et le temps relativement long qu'il met à se développer. Le noir est très observateur des choses de la nature, et s'il est parfois conteur d'histoires quand il y trouve son intérêt, ce n'est pas sur des choses qui lui sont aussi indifférentes que celles-là, que s'exercera son imagination.

Le gorille vit par couple, et on ne le rencontre solitaire que quand il n'a pas encore trouvé de femelle, ou qu'il a perdu celle de son choix. La principale occupation de ces animaux est d'élever leurs petits, et cela seul s'oppose à une vie aussi nomade que celle que du Chaillu leur a attribué. Le petit gorille est toujours dans les bras de sa mère et pendu à son sein; la fuite dans cette situation est difficile, aussi le mâle avec un instinct merveilleux, trouve-t-il le moyen de cacher sa petite famille dans les réduits les plus épais des forêts, dépistant ses ennemis, et allant presque toujours leur livrer bataille, loin du toit de feuillage où reposent les siens.

C'est ce qui fait que beaucoup de gorilles, pris par ce voyageur pour des solitaires, étaient simplement des mâles en quête de nourriture et qui, poursuivis par les chasseurs blancs ou indigènes, jouaient avec eux des journées entières sans se laisser surprendre et dans le but bien évident de les éloigner du lieu de leur campement. Du Chaillu lui-même se plaint d'avoir chassé pendant des semaines des gorilles constamment invisibles; il les sentait, il les devinait autour de lui, rencontrait à chaque instant des traces évidentes de leur passage sans pouvoir parvenir à les rejoindre.

Dès qu'un petit est sevré, marche, commence à manger, la femelle ne tarde pas à en mettre un autre au monde, et ce sont de nouveaux soins qui commencent pour elle, et qui lui constituent une vie plutôt sédentaire qu'une existence vagabonde; le jeune gorille ne quitte guère ses parents avant l'âge de l'accouplement, c'est ce qui fait que notre voyageur a pu en rencontrer quatre ou cinq jouant ensemble dans la forêt; si en ce moment le père était revenu, et qu'on les eût poursuivis, il n'est pas douteux qu'on eût eu affaire à une petite troupe de gorilles, et qu'il n'est également pas exact de dire que le gorille n'attaque jamais en troupe.

En dehors de toutes ces raisons qui me portent à croire que cet animal par la nature même de son existence doit se construire des abris, il en est une qui pour moi les prime toutes, c'est que j'ai vu, dans les forêts de Malimba, un gorille que mes compagnons et moi, avions surpris à la chasse, s'élancer d'un toit de feuillage sur le sol, en poussant des cris perçants, faire sortir de son refuge sa femelle et son petit, et protéger leur retraite, en nous faisant tête avec des rugissements affreux ; dans cette situation, il se battait la poitrine avec une telle force, que nous l'entendions résonner comme si l'horrible bête eût frappé sur une caisse vide ; la question des aliments est enfantine, une lieue carrée de forêt équatoriale nourrirait plusieurs centaines de gorilles, car ils mangent toutes les graines, toutes les herbes d'une nature non vénéneuse et font leurs délices du fruit et du feuillage de *l'elœis guinensis*, palmier de Guinée.

Les ananas et la canne à sucre sauvage ainsi qu'une foule d'autres plantes et arbustes dont ils sont très friands, poussent avec une telle abondance partout, qu'en vérité le gorille n'a pas besoin d'être très nomade pour récolter sa nourriture.

Il n'est pas très scientifique non plus de s'étonner de la force et de la puissance de la mâchoire de cet animal par ce motif qu'il ne serait qu'herbivore. Dans les lieux où vit le gorille, il est exposé à rencontrer à chaque pas, le tigre, le léopard, la panthère, quelquefois le lion, quoique plus rarement. Sa terrible mâchoire, capable de broyer l'épaule d'un lion comme un simple morceau de biscuit, est tout simplement, avec les griffes de ses mains et les griffes de ses pieds, son moyen de défense le plus énergique ; quant à ne pas se précipiter sur les noirs et autres voyageurs qui viennent inopinément à passer près de son repaire, c'est là une affirmation contraire non seulement à tout ce que les indigènes qui vivent sous la même lattitude que lui, m'ont raconté, mais encore à la simple logique. Une bête aussi féroce, qui fait tête aussi courageusement à ceux qui l'attaquent sans jamais s'inquiéter de leur nombre, ne doit pas attendre d'être poursuivie pour développer sa férocité, et tout ennemi, à quel moment que ce soit qui passe à portée de son bras, est immédiatement saisi et mis en pièces.

Il est une chose dont je suis absolument persuadé, c'est que tout gorille qui fuit, ruse avec les chasseurs pour sauver sa femelle et son petit.

La femelle du gorille n'a ni la force ni le courage du mâle ; des noirs en sont facilement venus à bout avec une lance ou un simple couteau de chasse; elle ne se défend que quand elle est prise, entourée, et qu'aucune chance de s'échapper ne se présente à elle, et tout en mordant et cherchant à user de ses griffes, elle pousse des cris perçants et appelle le mâle à son aide. Si la quête de la nourriture n'a pas trop éloigné ce dernier, alors subitement la scène change, de terribles rugissements se font entendre, et le gorille se précipite comme un ouragan sur ceux qui assaillent sa compagne, un coup de griffe d'ici, un coup de pied de là, chaque homme atteint tombe pour ne plus se relever, malheur à quiconque voit son fusil faire long feu, il n'a pas le temps de relever son arme inutile, qu'il est assommé ou déchiré par la terrible bête.

Fort heureusement que le gorille meurt aussi facilement qu'un homme, une seule balle en pleine poitrine et il tombe la face contre terre en agitant ses grands bras écartés et en poussant des cris mélangés de râles et de soupirs, qui produisent un singulier effet sur ceux qui les entendent; à cette suprême minute de la mort, la terrible bête rend des sons qui ont quelque chose d'humain, sa dernière plainte vous donne l'illusion d'un être plus élevé dans la classification naturelle, et il vous semble que vous venez de commettre un meurtre.

Une scène charmante que je n'ai pu

contempler qu'une seule fois par le plus grand des hasards est celle que nous offre une mère suivie de ses deux petits, un, déjà fort et vigoureux, mais encore *baby*, trois ou quatre ans à peine, et l'autre qui ne fait que de commencer à marcher, je ne connaît pas de tableau plus aimable et plus frais : le plus âgé gambade, appelle son jeune frère par ses gestes et ses cris, l'engageant à partager ses ébats ; le plus jeune veut le suivre essayer quelques gambades, vains efforts, il tremblotte sur ses petites jambes, qui suffisent à peine à le porter, la mère l'encourage de la voix et du geste, le relève tendrement à chacune de ces chutes, et finit, en voyant sa maladresse et sa fatigue, par le prendre dans ses bras entre lesquels le petit se couche et s'endort.

A ce moment-là il ne faudrait rien avoir au cœur pour presser la détente de son arme, et changer en un champ de carnage cette clairière émaillée de fleurs, dans laquelle s'ébattent ces animaux, les plus rapprochés de l'homme dans la nature par la forme physique.

Je me souviens qu'après un certain temps de contemplation de ce gracieux spectacle, craignant que les noirs, mes compagnons, ne pussent résister longtemps au désir d'envoyer une balle au jeune gorille qui, à tous moments se trouvait à portée des buissons où nous étions cachés, je frappai vivement dans mes deux mains, et la scène changea avec la rapidité de l'éclair ; la mère s'arrêta interdite, à l'audition de ce bruit inconnu, le plus âgé des deux petits s'élança vers elle, s'accrocha à son cou par les mains, lui passa ses petites jambes autour du corps, et avec ses deux chers fardeaux la pauvre bête s'élança dans le fourré, où elle disparut en un instant.

— Vous avez bien fait, capitaine, me dit l'illustre Ocbi-Fekoué, mon guide — tous les blancs sont capitaines pour les indigènes de ces côtes — un instant de plus, j'allais tuer la mère pour m'emparer des petits.

L'acte du noir eût été doublement barbare, car les jeunes gorilles ne vivent pas en esclavage, je devrais plutôt dire en cap-

tivité ; mais si étranges sont et la forme et
les mœurs de ces animaux, que j'oublie à
chaque instant leur férocité et leur haine
de l'homme, pour voir en eux comme l'illusion d'un être à part, appartenant à une
classe qui, tout en étant encore loin de
l'humanité, est déjà sortie des rangs de
l'animalité.

Illusion vaine, j'ai bien dit le mot, le
gorille, je ne saurais trop le répéter, est
bien un animal, et un des moins parfaits,
car si son organisation anatomique le rapproche de l'homme, comme raison, intelligence, sociabilité, il s'en éloigne beaucoup plus que l'éléphant et même le chien.

Je connais la réponse de certains naturalistes : avant de se prononcer, il faudrait
commencer par *domestiquer* le gorille et
ne se prononcer qu'après la comparaison ;
pour le chien cela peut supporter la discussion, car il est certain que cet animal à
l'état sauvage est peu sociable. Mais il en
serait autrement pour l'éléphant ; pris à la
chasse dans les forêts les plus sauvages de
l'Inde ou de la Birmanie, ce dernier en

effet se civilise en deux mois, tandis que le gorille, dont il est du reste impossible de s'emparer à l'état d'adulte, pris tout jeune sur le sein de sa mère, non seulement ne s'apprivoise point, mais n'accepte même pas la vie captive; il meurt au bout de quelques mois sans avoir cessé une seule minute d'égratigner et de mordre la main qui le nourrissait. Aucun traitement ne peut vaincre la férocité et la sauvagerie de ce petit monstre.

Après avoir relaté presque tout ce qui s'est dit ou écrit au point de vue physiologique et naturel sur le gorille, et indiqué en les appréciant les principales observations des voyageurs, je vais maintenant faire appel aux études que j'ai pu faire moi-même sur ce singulier animal pendant les six mois que j'ai passés au Niger en 1871, à la côte de Mayamba, au Congo; je commence par ce dernier pays.

Ce sera la partie pittoresque et anecdotique de mon œuvre. Je me propose, du reste, pour chacun des animaux dont j'écrirai l'histoire, d'ajouter les résultats de ma propre moisson à ceux de mes devanciers.

J'avais une lettre de crédit sur un traitant de la côte, M. Walter, et dès notre première entrevue je lui fis part de mon intention de passer cinq ou six mois dans l'intérieur pour compléter mes collections d'histoire naturelle, il me promit de me fournir un guide sur la fidélité duquel je pus compter.

Quelques jours après, en effet, il me présentait un grand diable de noir de la race des Faus, qui répondait au nom de N'Otooué et qui, moyennant la modique somme d'une piastre par jour et une demi-piastre pour sa femme et son fils, se chargeait de me conduire à travers bois, djèngles et marécages, jusque sur la côte de Mozambique, si ça me faisait plaisir.

Il parlait un peu d'anglais, chose très précieuse pour moi, car cela allait me permettre de profiter de tous les récits plus ou moins légendaires, que comme tous ses compatriotes grands conteurs, il n'allait sans doute pas manquer de me faire. Du reste, il était très agréable pour moi de ne pas être obligé d'employer le langage assez rudimentaire du geste pour correspondre avec un homme qui allait vivre avec moi pendant plusieurs mois.

— C'est tout ce que j'ai pu trouver de mieux, me dit M. Walter, je le connais depuis dix ans qu'il vient échanger à mon comptoir de l'ivoire et des peaux, et il n'osera pas, par peur de se fermer la maison, vous jouer de trop vilains tours. Il est menteur, voleur, fanfaron et ivrogne comme tous ses compatriotes, mais à part cela, ajouta mon hôte avec un sourire, vous pouvez vous fier à lui.

Le portrait de l'illustre N'Otooué ne sera pas long à faire ou plutôt à compléter, car au moral, le négociant qui me l'avait procuré l'avait esquissé en quelques mots.

Physiquement c'était un grand gaillard bien découplé, d'un noir d'ébène, la tête crépue comme une peau de mouton, et qui pour tout vêtement ne possédait qu'une ceinture d'écorce d'arbre battue, à laquelle était suspendue par-devant une peau de léopard. Ses dents étaient limées en pointe, ce qui lui donnait un air de singulière férocité, on eût dit la mâchoire d'un jeune requin. Il était armé d'un fusil de liège à un coup et d'un grand arc en bois de fer de plus de deux mètres de long. Autour de sa ceinture était passée une hache de fabrication anglaise, dont il était très fier, et qu'il était très habile à manier.

Il appartenait à cette tribu cannibale des Pabouins ou Faus qui depuis près d'un demi-siècle envahit peu à peu le littoral de l'Afrique, sans qu'on puisse savoir de quel point de l'intérieur elle est partie.

N'Otooué prétendait s'être civilisé au contact des blancs, et ne plus manger ses semblables ; il laissait cela aux pauvres noirs, disait-il, avec un geste superbe, qui n'avaient pas encore vécu dans la société des capitaines et des traitants ; je ne m'y serais pas fié un jour de disette et à deux cents lieues dans l'intérieur. Il se donnait comme le plus fameux chasseur d'éléphants de la contrée, et de fait, il venait à chaque instant échanger des défenses de ces animaux aux comptoirs de la côte.

Il portait au cou une foule de gris-gris ou amulettes qui étaient représentés par des dents de caïman, de tigre, de morceaux de bois de cerf et de verroterie de toutes les formes; il en avait ainsi pour le préserver de la fièvre, des fâcheuses rencontres, de la morsure des serpents, d'autres lui portaient bonheur dans ses expéditions; il m'offrit de m'en repasser quelques-uns avant notre départ pour l'intérieur, moyennant un peu de rhum, mais je le remerciai en riant.

— Prends au moins cette dent de chat-tigre contre les mokissos, me dit-il.

Les mokissos sont les malins esprits qui hantent les bois pour faire tomber les voyageurs dans mille et un pièges qu'ils tendent. Comme je le priais de me laisser la paix une fois pour toutes avec ses fétiches, il me déclara gravement qu'il ne partirait pas avec moi si je n'acceptais pas son amulette, car il nous arriverait sûrement malheur au cours de notre excursion. Les mokissos devaient pour le moins nous attirer dans une tourbière ou nous précipiter dans quelque fosse à éléphant.

Quand je vis qu'il n'y avait pas moyen de lui faire entendre raison, j'acceptai son morceau de dent que je mis dans ma poche, et il parut satisfait.

Sa femme, qui était encore moins vêtue que lui si c'est possible, car elle ne possédait qu'une petite ceinture autour de laquelle pendait une série de cordelettes qui ne voilaient guère sa nudité, était une créature douce et soumise, chargée de notre eau dans de grandes calebasses et de préparer les repas; elle était aidée dans ses soins par son fils, jeune noir de la plus belle venue d'une dizaine d'années environ. Comme on le voit notre petite caravane n'était point très chargée, c'est à mon sens le meilleur moyen de voyager dans l'Afrique équatoriale où il est impossible de faire accorder deux noirs ensemble pendant plus de huit jours, ou s'ils s'accordent c'est pour vous piller et vous abandonner une belle nuit sans ressources au milieu d'une forêt, comme cela est arrivé à maint voyageur. Je n'avais pas à craindre ce sort, car mon intention était de remonter de Moyamba au cap Lopez ou Gabon, sans jamais m'éloigner d'un rayon de plus de quarante à cinquante lieues de la côte.

A cette distance, les traitants des différents comptoirs finissent toujours par connaître quel a été le véritable sort d'un Européen que ses guides ont tué ou abandonné, et ils ont mille moyens de venger sa mort sans se compromettre, car il est, en dehors de toute question d'humanité, de l'intérêt même de leur exploitation et de leur sûreté personnelle que la vie des blancs ne soit pas à la merci du premier noir vagabond qui veut s'approprier les armes ou la pacotille du voyageur.

Ils ont pour cela une façon toute simple pour arriver à leurs fins sans faire justice directement eux-mêmes de l'attentat qui a été commis.

Quand un blanc, quel qu'il soit, a été assassiné dans un des districts de l'intérieur et dans un rayon où l'autorité des petits rois de la côte n'est plus reconnue, ils attendent que le chef de ce district ait besoin de marchandises européennes et vienne dans les magasins de l'un d'eux pour faire des échanges.

Le négociant avec qui le hasard le met en rapport le reçoit bien, lui offre un verre d'aloughou, ou rhum de traite, et amène habilement la conversation sur l'aventure. Le chef se défend, comme de juste, d'avoir participé en rien au meurtre. Son interlocuteur se récrie et déclare que tout le monde est persuadé qu'un prince aussi puissant, aussi équitable... vous voyez la litanie d'ici, ne laissera pas impuni le meurtre d'un de ses bons amis blancs dans ses états. Il termine d'ordinaire son allocution en montrant un petit baril de rhum, qu'il se réserve, dit-il, de faire cadeau au roi, comme signe de bonne amitié, dès que le coupable sera châtié.

Alléché par le présent qui lui est destiné, le féroce roitelet retourne en grande hâte chez lui et ne tarde guère à revenir avec la tête du meurtrier au bout d'une pique.

Le négociant, qui me donnait ces détails, me dit en terminant avec un sourire singulier : Nous ne sommes pas toujours bien sûrs que c'est le coupable qui a été réellement sacrifié, mais qu'y faire en l'absence de toute justice régulière, nous sommes obligés de faire respecter le prestige de la race blanche comme nous le pouvons. Un des grands moyens d'action est encore de nous entendre tous et de menacer le roi de Loango et Malimba, de nous retirer en masse avec nos marchandises, si justice ne nous est pas rendue; alors comme ce souverain est assez puissant pour faire respecter son autorité assez loin dans l'intérieur, nos excursions commerciales, dans certaines provinces du centre, sont entourées de quelque sécurité.

Je crois donc, ajouta-t-il en forme de conclusion, que votre voyage pourra s'effectuer paisiblement, du côté des noirs du moins, à condition de ne pas vous éloigner des côtes plus que de raison ; quant aux périls résultant des animaux féroces, qui foisonnent dans nos forêts africaines, il faudra faire appel à votre sang-froid, à votre habileté et à vos armes pour vous en garantir.

Je le quittai ainsi et avec la ferme résolution de suivre ses conseils. Mon voyage à Moyamba n'avait pas pour but des questions d'hydrographie à résoudre, je ne cherchais point à percer le continent africain de l'Atlantique au canal de Mozambique, beaucoup plus modestes étaient mes désirs, je tenais à collectionner tous les singes de la contrée que je viendrais à rencontrer au bout de ma carabine, pour une étude que je préparais déjà sur ces animaux, et que je publie aujourd'hui, et surtout à rapporter un gorille bien authentique tué par moi. Dans ces circonstances, il devait me suffire de remonter jusqu'aux environs du cap Lopez en explorant les forêts qui longent le fleuve Bembo et Ogooué, sans jamais m'éloigner de plus d'une cinquantaine de lieues de la côte pour trouver amplement de quoi exécuter mon programme.

La région des gorilles s'étend du troisième degré de latitude australe au premier degré de latitude nord, sur un prolongement de forêts vierges, de plaines marécageuses et de montagnes garnies de grands blocs erratiques, au milieu d'une nature volcanique et tourmentée qui ne s'éloigne pas de la côte à une distance sensiblement plus grande que celle que j'ai indiquée plus haut.

Je ne dis point qu'on ne peut rencontrer de ces animaux plus avant dans le sud ou dans le nord, ou dans des contrées plus centrales, j'affirme seulement qu'aucun voyageur n'en a jusqu'à ce jour découvert en dehors des limites que je viens de fixer ; quant à moi, j'ai rencontré les seuls qu'il m'a été donné d'apercevoir, dans la région du Bembo ou Oveuga, au milieu des grandes forêts qui limitent les terres basses et presque constamment inondées qui avoisinent ce fleuve, au lieu même où il fait un coude pour remonter brusquement le long de la côte jusqu'à Eliodé.

Le jour même de notre départ, au campement du soir, dans un petit village nègre où le chef avait mis sa case à ma disposition, j'annonçai à N'Otooué mon intention de chasser le grand singe ou n'gena. Il en parut d'abord un peu effrayé, mais jetant un regard sur ma carabine à balle explosible, dont il avait déjà pu voir les merveilleux effets sur un sanglier que dans la journée j'avais littéralement mis en pièces, il me répondit que rien n'était plus facile et qu'il me conduirait dans les lieux où il établit de préférence sa demeure.

Les principaux habitants étaient rangés en cercle autour de nous; quand mon guide leur eut fait connaître mes projets, tous aussitôt se mirent à parler à la fois en gesticulant, et je compris que chacun racontait son histoire sur cet étrange animal.

N'Otooué, sur ma demande, se mit à me traduire avec volubilité tous ces récits au fur et à mesure qu'ils se produisirent, et j'entendis jusqu'à une heure assez avancée de la nuit une série de contes à ce point merveilleux que seule l'imagination nègre était capable de les inventer.

Il ne me paraît pas donné d'intérêt

de relater quelques-unes des croyances superstitieuses qui ont cours au Congo sur le gorille. Je choisis parmi les plus singulières.

Les habitants de cette contrée croient, par exemple que le n'gena n'est pas un animal ainsi que les autres singes; d'après eux, le corps de ces bêtes étranges est animé par l'esprit de certains nègres morts qui, pour des méfaits en cette vie, et qui leur interdisent pour longtemps le séjour du grand Maramba, créateur de l'univers, sont obligés de revenir vivre sur la terre dans les corps de ces monstres.

Tous les gorilles ne sont pas ainsi hantés, mais seulement quelques-uns, plus grands, plus forts et plus méchants que les autres, qui se reconnaissent parfaitement entre eux à certains signes d'affiliation et se liguent pour faire à l'homme une chasse impitoyable.

D'après les indigènes, ces gorilles ajoutent à leur force et à leur férocité une intelligence égale à celle de l'homme. On ne peut ni les prendre ni les tuer ; ils sont invulnérables, les balles même des carabines européennes s'aplatissent sur leurs corps, non point parce que leur peau est plus dure que celle des autres, mais parce qu'étant animés de l'esprit d'un trépassé, ils sont protégés contre toute attaque par un charme mystérieux. Parmi ces gorilles, il y en a qui, comme les vampires, s'élancent sur les voyageurs isolés, d'un coup de dent leur ouvrent la jugulaire et ne les abandonnent qu'après leur avoir sucé tout le sang. D'autres, cachés dans le cœur de quelque gigantesque baobab, saisissent tous les malheureux qui passent à leur portée, les étranglent et les rejettent dans les broussailles, où ils ne tardent pas à devenir la proie des chacals et des vautours.

Il y en a qui, par ressouvenance de leur vie passée, s'ennuient de l'existence solitaire qu'ils mènent dans les bois, car ces gorilles n'chabouns, c'est-à-dire possédés, n'ont aucune fréquentation avec les autres, ils viennent alors rôder dans la nuit autour des villages, et malheur aux négresses que le hasard leur fait rencontrer, ils s'élancent sur elles et les entraînent au plus épais de la forêt, au dire des nègres dont l'imagination ne connaît pas d'obstacle. Les pauvres femmes sont obligées de servir de compagnes à ces affreuses bêtes; toute la journée, elles pilent le millet, égrènent le maïs et râpent la cassave, pour préparer les repas de n'chabouns, car ces messieurs préfèrent de beaucoup la nourriture dont ils faisaient usage avant leur transformation, aux herbes et aux fruits sauvages qu'ils rencontrent dans la forêt.

Toute prisonnière qui tente de s'évader est immédiatement mise en pièces; c'est pour cela, affirment les conteurs indigènes, avec une imperturbable assurance, qu'on n'en a jamais vu revenir une seule.

Je n'en finirais pas si je voulais relater toutes les histoires merveilleuses que j'entendis débiter ce soir là, car mis en goût par les récits de N'Otooué, tous les assistants voulurent ajouter quelques traits au tableau fantastique que ce dernier avait esquissé, et dont les gorilles *possédés* avaient fait tous les frais.

De même qu'aux longues veillées d'hiver des contrées du Nord, il n'y a pas un paysan qui n'ait, le long des murs des cimetières, aux carrefours des forêts, entrevu quelque forme insaisissable et lugubre, ou entendu les hurlements sinistres et plaintifs du loup-garou, de même à cette première soirée, sous le ciel équatorial de l'Afrique, je ne vis pas un des noirs qui étaient venus s'accroupir autour de nous, qui n'eût lui aussi quelque conte à nous dire

L'un avait surpris une troupe de n'chabouns en train de cueillir et de botteler des cannes à sucre, avec autant d'art qu'un homme eût pu y mettre; il s'était caché pour éviter le sort qui l'attendait s'il eût été aperçu des gorilles, et il avait été témoin du plus étrange des spectacles : la récolte finie, chaque animal avait chargé sur ses épaules deux ou trois faix de cannes, et tous ensemble avaient repris le chemin de leurs réduits, en poussant des rugissements qui ébranlaient les forêts et faisaient fuir les fauves devant eux.

Un second nous affirma qu'il arrivait parfois que, même avant leur mort, les hommes étaient, par maléfices, métamorphosés en gorilles, et il nous conta l'histoire suivante :

« Un de ses voisins du nom de N'Dambé ayant encouru la colère des gangas ou sorciers de sa tribu, rencontra un matin, dans le chemin qu'il prenait pour aller de sa demeure à la forêt, un paquet de lianes épineuses, entrelacées d'une façon bizarre; il l'écarta sans y faire grande attention, malgré les remarques de notre conteur qui était son compagnon. A quelques pas de là ce fut bien une autre affaire, deux serpents morts placés en croix l'un sur l'autre barraient la route, nouvelle observation dont il ne tint pas compte. A l'entrée de la forêt ils trouvèrent la dépouille d'un vautour noir, et notre homme persista à suivre son chemin, malgré un dernier avertissement de son ami; ils allaient reconnaître un champ de manioc sauvage qu'ils avaient découvert près d'un marécage quelques temps auparavant. En revenant le soir, comme ils s'étaient un peu attardés, la nuit les surprit en pleine forêt. N'Dambé commença alors à donner des signes extraordinaires d'agitation, puis, aux premiers rayons de la lune, à la grande terreur de son compagnon, il se mit à pousser des cris inarticulés qui peu à peu se changèrent en hurlements, et au fur et à mesure que sa voix se modifiait son corps suivait la transformation et finissait par prendre la forme du gorille.

« Devant son ami cloué sur le sol par la frayeur, il poussa à ce moment un rugissement plus effroyable que les autres, et s'enfuit sous bois. On ne l'a jamais revu, fit notre noir, en terminant, avec un air de parfaite conviction... »

En voilà assez, je crois, pour bien faire connaître le caractère des habitants de cette partie de l'Afrique, semblable à tous ceux des peuples en enfance et des intelligences que nulle instruction n'est venue développer.

Les voyageurs ne doivent donc accepter leurs récits, même sur les choses de leur pays qu'ils doivent le mieux connaître, qu'avec une réserve un peu sceptique, en se souvenant toujours, comme base d'appréciation, qu'entre deux faits, l'un simple et d'observation certaine, et l'autre d'ordre merveilleux, c'est toujours au fait merveilleux que le noir donnera la préférence pour vous le conter, non par besoin de tromperie, mais parce que son esprit est ordinairement plus porté aux choses merveilleuses et étranges, qu'aux choses simples et naturelles. Aussi par une raison contraire, lorsque son imagination n'est pas excitée par les récits légendaires qu'il a entendu faire sur tel ou tel fait dès sa plus tendre enfance, et qu'il s'agit de petites observations sans importance, peut-on absolument se rapporter aux renseignements qu'il vous donne, surtout quand vous les recevez à peu près les mêmes dans chaque village et dans chaque tribu.

Ainsi, pour éclairer ma pensée d'un exemple, je crois que du Chaillu se trompe quand il affirme que le gorille ne monte que difficilement aux arbres, qu'il n'y grimpe que pour aller chercher des noix, dont il est fort friand, n'y passe jamais la nuit, et préfère, pour se reposer, s'adosser contre un rocher ou le tronc de quelque palmier. Il n'y a là rien de merveilleux, rien qui pousse le noir à vous éblouir par des récits fantastiques, aussi préferai-je de beaucoup ajouter foi à ce que m'ont conté unanimement à ce sujet tous les indigènes de la côte, à savoir que le gorille, dès qu'il n'était pas occupé à récolter les ananas sauvages, s'installait dans le cœur de quelque arbre gigantesque, où il avait coutume de passer la nuit et de faire sa sieste de jour.

Je n'ai pas vu un seul noir varier sur cette circonstance, et comme elle ne mérite pas qu'on l'invente et qu'elle ne prête rien à la tendance de cette race de tout exagérer, il n'y a pas de doute que le fait ne doive être tenu pour réel. Le gorille est du reste admirablement conformé pour monter aux arbres et s'y tenir commodément.

Quel que fût mon désir, ce premier soir de campement, de mettre la conversation sur les habitudes et les mœurs véritables du grand singe que je me proposais de chasser, il me fut impossible d'amener les noirs à quitter leur sujet favori, et le gorille n'chaboun, c'est-à-dire le gorille fantastique, fit tous les frais de cette longue soirée.

Les noirs du Congo supérieur, c'est-à-dire du royaume de Loango, sont d'enragés noctambules ; le jour, pendant les heures chaudes, ils dorment à l'abri de leurs cases de terre sèche et de bambous où sous un appentis de feuillage ; mais dès que le soleil s'incline à l'horizon, que les fraîches brises de mer commencent à caresser la tige flexible des bananiers, ils secouent leur torpeur, se baignent, procèdent à leur toilette, pendant que les femmes et les esclaves préparent le repas du soir, et leur appétit satisfait, ils vont se promener par les rues des villages en fredonnant quelques refrains ; peu à peu les groupes se forment, chacun apporte ses cigarettes roulées dans des feuilles de maïs et les conversations sans fin commencent, dans lesquelles ainsi que nous venons de le voir, trépassés, revenants et loups-garous de nos contrées occidentales, sont remplacés par les n'chabouns et les milliers de transformations dont ils sont susceptibles.

Las de mes tentatives infructueuses, les membres alourdis par la fraîcheur relative de la nuit, je me jetai sur une natte dans la case que le chef du village avait fait préparer à mon intention et ne tardai pas à m'endormir, bercé par le vague murmure des voix indigènes qui continuaient leurs interminables récits.

Le jour s'annonçait à peine, qu'éveillé par N'Otooué, j'avalai rapidement une tasse de café noir préparée pas sa femme, et nous prenions le chemin de la forêt.

Aussi loin que l'œil pouvait s'étendre, nous n'avions en face de nous qu'une vaste plaine entrecoupée de bosquets de palmiers et d'*elœis guinensis* qui s'élevaient au milieu de champs cultivés de millet, de shorgo et de maïs. Au fond, à travers les échappées de verdure, nous apercevions comme une longue ligne bleuâtre avec des dentellements et des inégalités, qui s'irisaient de nuances diverses sous les premiers rayons du soleil levant; c'était, me dit, mon guide, une succession de collines boisées, asile habituel des gorilles et des éléphants sauvages, où il avait coutume d'aller faire sa provision d'ivoire.

Il me conduisait donc sur un territoire de chasse qui lui était familier. Nous marchions dans la direction du nord-est, et, autant que je pus en juger à l'œil nu, une distance de cinquante milles environ pouvait nous séparer des pics les plus élevés que nous apercevions.

Ces collines devaient être une des nombreuses ramifications des grandes sierras ou chaînes de montagnes qui partent de la Guinée centrale et se prolongent jusqu'au Cap, sans jamais s'éloigner de la côte à une distance supérieure à cent ou cent cinquante milles.

Je ne sais rien de plus beau, de plus pittoresque que le paysage africain aux premières heures du jour. Nous marchions par de petits sentiers à peine frayés par les pieds nus des esclaves et des chasseurs, au milieu d'interminables haies de bananiers et de jeunes palmiers couverts de leurs longues grappes de fruits dorés et savoureux, et dans l'intervalle laissé par les troncs de ces arbres entre eux, nous apercevions de longues bandes de verdure qui se déroulaient de chaque côté de nous, chatoyant à l'œil comme des tapis de velours émeraude, c'étaient les champs cultivés, en ce moment remplis d'esclaves qui, levés longtemps avant le jour, ouvraient les canaux d'arrosage ou sarclaient les jeunes plants, au bruit de chants monotones et lents qui semblaient faits exprès pour accompagner la cadence de leurs mouvements.

Puis tout à coup la plantation cessait brusquement, le terrain pendant quelques centaines de mètres était envahi par les poivriers, les tulipiers aux fleurs nuancées, les buissons et les lianes; pendant quelques minutes, nous marchions sous un épais berceau de feuillage, plein de perruches criardes qui s'enfuyaient à notre approche, en nous lançant leurs notes aigres et stridentes, comme défi, pendant que les oiseaux chanteurs s'enfuyaient muets d'effroi, dans le plus profond de la broussaille. De temps à autre, quelque gros ara vert et rouge s'envolait lourdement d'une branche en coassant comme une vulgaire corneille, ou bien c'était un de ces merles métalliques, que nos élégantes paient au poids de l'or pour en orner leurs coiffures, qui s'envolait à quelques pas de nous, avec ce sifflement mélancolique et triste qui le caractérise.

Que de richesses du règne végétal ! de tous côtés, autour de moi, resserrées dans un espace de quelques centaines de mètres carrés, se montraient les essences les plus singulières et les plus curieuses de la flore équatoriale.

Ici, la commeline équinoxiale mélangeait ses rameaux à ceux du souchet à fleurs distantes, *cyperas distans ;* la kilirigie en ombelle coudoyait l'oplismène d'Afrique, *oplismenus Africanus*, et la carmentine élégante, dont les branches se mariaient à celles du rotang, *calamus secundiflores*, formaient avec ce dernier des buissons impénétrables qui servaient d'asile aux oiseaux-mouches et aux perruches à collier rose, qui y installaient, à l'abri de toutes les tentatives, leurs nids, leurs amours et leurs chansons.

En vérité, si je n'eusse écouté que mes goûts, j'eusse immédiatement abandonné tous mes projets de chasse pour rester à butiner dans ces réduits enchanteurs. De quelles rares espèces, de quelles variétés se fût enrichi mon herbier; mais j'étais parti avec cartouches et carabines, dédaignant les paisibles outils du botaniste, et il n'était plus temps de donner une autre direction à mon voyage.

Jusqu'au soir, nous ne fîmes que traverser une succession de bosquets et champs cultivés, interrompus de temps à autre par de petis villages, qui ne reconnaissaient plus guère que de nom l'autorité du souverain de Loanda ; plusieurs chefs de ces agglomérations de cases indigènes voulurent nous imposer un droit de passage, mais N'Otooué, qui comme Pabouin et fils d'une race plus énergique méprisait souverainement ces pauvres diables, leur répondit que le capitaine blanc leur ferait cadeau, s'ils insistaient, d'une balle dans la tête. Cela ne m'empêcha pas de leur faire à chacun un petit présent pour me les rendre favorables.

Nous couchâmes encore ce jour-là dans un de ces kraos; mais, fatigué par la veillée précédente et quatorze heures de marche, je ne tardai pas à me jeter sur ma natte et à m'endormir.

Le lendemain nous entrions en pleine forêt; à partir de ce moment il fallait avoir l'œil sûr et la main prompte, car, au dire de mon guide, nous pouvions parfaitement rencontrer un tigre, une panthère ou un gorille.

Il n'en fut rien cependant, et nous arrivions sans encombre, un peu avant la chute du jour, au village Pabouin qu'habitait N'Otooué. Le retour du chasseur avec blanc fit une certaine sensation, et presque tous les habitants ne tardèrent pas à faire cercle autour de l'habitation de mon guide.

Quand je sortis pour aller présenter mes salutation, au chef, toute cette foule me suivit, mais sans trop de curiosité ; depuis une vingtaine d'années ces populations avaient eu trop d'occasions de voir des européens pour beaucoup s'étonner de la présence d'un de ces derniers. Je remarquai même que la plupart des jeunes garçons et des jeunes filles n'avaient plus les dents limées, ce qui était un signe d'infiltration évidente d'idées nouvelles.

Le chef que N'Otooué me présenta sous le nom de M'Jenga, me serra la main à la manière européenne et me demanda immédiatement si je n'avais pas de cadeau à lui faire, signe de plus en plus évident que la civilisation avait passé par là. Je lui donnai un pistolet de Liège, une boîte de poudre et des capsules. Il parut satisfait, et ayant appris que j'étais venu pour chasser le gorille, il déclara qu'il m'en ferait tuer un le lendemain.

Les péripéties de cette chasse étrange sont encore présentes à ma mémoire; je néglige donc toutes les observations ethnographiques que j'ai pu faire pendant mon séjour chez les Pabouins et qui, du reste, ne rentrent point dans le cadre de cet ouvrage, pour m'en tenir absolument aux excursions que j'ai faites avec eux sur les terres du gorille. Suivant la parole que M'Jenga m'avait donnée, notre première chasse eut lieu le lendemain.

Dès l'aube le chef me fit prévenir de me rendre dans sa case, où il m'attendait avec une dizaine de guerriers prêts pour le départ; chacun d'eux était muni d'un de ces vieux fusils de munition, épaves des anciens armements européens que les caboteurs viennent échanger sur les côtes du golfe de Guinée au pays de Benguela; ils portaient en outre une longue lance et un bouclier en peau d'éléphant, fixé par une courroie sur le dos, et une hache passée à la ceinture; en cet état, ils avaient plutôt l'air d'être équipés en guerre que pour aller à la poursuite de quelque animal sauvage.

Avant de partir, le chef m'invita à une collation, dont un singe, quelques poules rôties et des bananes cuites sous la cendre composèrent tout le menu.

Le singe était peu de mon goût; je pris un peu de volaille et quelques bananes, et les Pabouins eurent dévoré le reste en un instant.

Nous nous mîmes en marche, sous la direction du chef et de N'Otooué, qui paraissait jouir de beaucoup de considération auprès des siens. Le village était situé sur la première pente des collines que j'avais aperçues la veille; nous nous engageâmes immédiatement dans une sorte de vallée assez étroite, dont le sol montait en s'exhaussant entre deux murailles de coteaux boisés; au fond coulait un petit ruisseau qui semblait venir des plateaux supérieurs.

M'Jenga, qui marchait près de moi, me fit dire par mon guide qu'avant deux heures nous rencontrerions les gorilles. Il m'apprit qu'il n'était jamais venu dans cette vallée sans en tuer un ou deux.

— Ils affectionnent fort ces lieux, me dit-il, car ils y rencontrent en abondance les plantes et les fruits dont ils sont friands, des fourrés impénétrables leur permettant de cacher leurs petits à tous les yeux, et ils ont l'eau du ruisseau pour se désaltérer.

En ce moment ayant aperçu un magnifique écureuil noir, j'épaulai mon fusil de chasse pour le jeter bas, c'était une magnifique pièce à conserver et très rare dans les collections d'Europe, mais le chef Pabouin releva immédiatement mon fusil.

— Ne tire pas, me dit-il, au moindre bruit les gorilles seront avertis de notre présence, et ils se retireront à des hauteurs telles que la chose pourrait devenir très dangereuse.

L'observation était juste ; la petite chasse du reste n'est pas de mise quand on poursuit les grands fauves, quels qu'ils soient, à plus forte raison la même précaution devait être prise pour le gorille qui, à une force supérieure à celle de ses autres compagnons des bois, joint une astuce et une adresse beaucoup plus grandes.

La petite troupe de guerriers, l'oreille

au guet, l'œil dirigé vers le sol, s'avançait lentement, déployée en éventail, prête à saisir le moindre son et à découvrir la moindre trace qui pussent signaler à son attention la présence du terrible animal que nous venions troubler au milieu de ses domaines. N'Otooué, le chef et moi, nous marchions au centre, fusils et carabines armés et prêts à faire feu au premier signal.

Tout à coup M'Jenga me dit à voix basse, toujours par l'entremise du guide, notre traduction.

— As-tu déjà chassé le gorille?

— Jamais, chef, répondis-je.

— Bien! dans ce cas, j'ai une observation à te faire.

— Je t'écoute, chef!

— De quelle arme comptes-tu te servir?

Le chef Pabouin m'adressait cette question, car j'avais en ce moment ma carabine à la main, et à deux pas en arrière de moi, le jeune fils de N'Otooué portait mon fusil de chasse.

— Je me servirai de cette arme, lui répondis-je, en lui montrant ma carabine.

— Pourquoi pas de l'autre qui a deux canons?

— Parce que celle-ci, quoique n'ayant qu'une seule charge, est bien plus terrible que l'autre.

— Pourquoi cela?

— Parce qu'elle renferme une balle explosible, et que pas un animal ne peut résister au coup mortel qu'il reçoit de cette façon.

— Je ne comprends pas ce que tu veux me dire.

— Cela n'est pas très simple à expliquer, et une expérience vaudrait mieux que toutes mes paroles.

— Ce que dit le blanc est en effet pour moi comme s'il remuait les lèvres pendant la nuit.

— Si je tirais une seule de ces balles sur un de tes guerriers, il tomberait à l'instant, le corps horriblement déchiré; avec cette arme, quel que soit l'endroit où on attaque son ennemi, bête ou homme, on ne blesse pas, on tue toujours.

— Bien, les blancs sont favorisés des esprits, ils découvrent toujours des armes nouvelles.

— A la première occasion, je montrerai la puissance de celle-ci.

— Oui, oui, les blancs savent beaucoup de choses, ils ont tous les fétiches à leur disposition, mais les blancs ne savent pas chasser le n'gena; malgré toute leur adresse, ils se feraient tuer par lui s'ils n'avaient pas les noirs pour les conduire.

— Tu as raison, lui répondis-je, les blancs ne pourraient rien faire sans les noirs.

A ces paroles, le chef releva la tête et regarda les siens avec un indéfinissable sentiment d'orgueil.

— Écoute, continua-t-il au bout de quelques instants, puisque tu n'as jamais chassé le gorille, je vais te faire une recommandation.

— Sois persuadé que j'en tiendrai compte, chef.

— Il n'est pas difficile de tuer le gorille, une balle dans la poitrine et il est mort.

Le vieux Pabouin me lança un nouveau regard de satisfaction ; en quelques mots je m'en étais fait un ami à toute épreuve.

— Mais il ne faut pas le manquer, continua mon interlocuteur, car tu n'aurais pas le temps de prendre ton second fusil des mains du fils de N'Otooué, tu serais un homme mort.

— Il a raison, me dit le guide, en achevant la traduction de cette phrase, un chasseur qui manque le gorille n'a pas le temps de fermer les yeux que la bête est sur lui.

— Je comprends, mais nombreux comme nous le sommes un pareil danger n'est pas à redouter.

— C'est ce qui te trompe.

— A mon tour de ne plus comprendre.

— Nous sommes réunis maintenant parce que la largeur de la vallée le permet, mais bientôt nous n'allons plus pouvoir marcher de front ; nous serons obligés de nous diviser, de nous avancer isolément, et, cachés les uns aux autres par les buissons, les fouillis de branches et de lianes, chacun de nous sera obligé de veiller à sa propre sûreté. Un gorille caché dans un fourré peut se dresser inopinément devant vous et vous mettre en pièces avant qu'aucun de vos compagnons puisse seulement se douter de votre sort.

A ces paroles je sentis comme un léger frisson me parcourir tout le corps; un ennemi à qui on peut faire face, et l'on comprend que cela m'ait pu arriver quelquefois pendant mes pérégrinations dans l'Inde, l'Indo-Chine, les îles océaniennes et l'Afrique, ne m'a jamais fait peur; mais j'avoue que la perspective d'une attaque subite, presque imprévue de la part de cet animal que je n'avais jusqu'alors entrevu que par une sorte de mirage de la pensée pendant les récits plus ou moins légendaires des naturels, n'avait rien qui pût me séduire.

Aussi répondis-je avec une certaine appréhension que ma voix cependant ne trahit point, car sous aucun prétexte l'Européen, en présence du danger, ne doit laisser deviner son émotion à ses guides indigènes, qui le croient inaccessible à tout sentiment de peur.

— Je croyais que le gorille n'attaquait point l'homme, à moins d'être déjà blessé.

— Qui t'a dit cela? fit le chef avec étonnement.

— Les voyageurs de mon pays qui ont chassé le n'gena avant moi.

— Les voyageurs de ton pays n'ont jamais rencontré le gorille dans son repaire habituel, sans cela ils n'auraient point dit semblable chose. Toutes les fois que le grand singe est surpris dans son sommeil ou qu'il veille sur le repos de sa compagne et de ses petits, il attaque tout ce qui passe à sa portée. Fais donc ton profit de ce que je viens de te dire, veille sur tous les buissons, regarde entre les branches de chaque gros arbre, arrête-toi pour sonder la forêt, au moindre bruit, et si le n'gena se dresse devant toi, vise bien, tire juste et ne le manque pas, car lui, sois-en sûr, ne te manquera pas.

Comme on le voit, la situation était de moins en moins rassurante; que faire contre un être qui se cache et qui, de tous les massifs, peut s'élancer sur vous.

J'ai toujours admiré beaucoup ces voyageurs qui, à chaque pas et à chaque page, font de véritables hécatombes de tigres, de panthères, de crocodiles, et cela avec un sang-froid exempt d'émotion, du moins au bout de leur plume. J'avoue très simplement que chaque fois que je me suis trouvé en face d'un danger sérieux et imminent, j'aurais donné beaucoup pour être ailleurs, cela ne m'a pas empêché de faire bonne contenance et d'avoir la main solide.

Nous passâmes une partie de notre journée, tout en gravissant les pentes agrestes où la végétation devenait de plus en plus serrée à mesure que nous approchions des sommets des premiers plateaux, à fouiller tous les buissons, à battre tous les bosquets, sans rencontrer autre chose que des singes d'espèces vulgaires et des chacals qui s'enfuyaient épouvantés ; une seule fois une petite panthère noire, à peine grosse comme un guépard, s'élança d'un rocher et disparut en moins de rien dans la broussaille. Je la tins pendant quelques secondes au bout de ma carabine, la tentation était trop forte, j'allais tirer malgré les recommandations de M'Jenga, lorsqu'une réflexion subite m'arrêta : si le bruit, me dis-je rapidement, allait faire sortir subitement un gorille des fourrés voisins, je me trouverais en face de lui impuissant et désarmé.

J'abaissai mon arme et continuai mon chemin.

Le vieux chef m'avait observé sans mot dire; pour rien au monde il ne m'eût renouvelé ses recommandations, mais il fut heureux de voir que j'avais tenu compte de ses paroles.

—C'est comme cela que doit faire un vrai chasseur, me dit-il avec un geste amical.

La nuit vint que nous étions encore occupés à battre les fourrés ; nos hommes n'avaient relevé que quelques traces insignifiantes et laissaient à présumer que les gorilles, s'il s'en était trouvé sur notre chemin, nous avaient cédé la place au fur et à mesure que nous avancions.

Nous fûmes obligés de camper où nous nous trouvions, et notre souper qui fut des plus frugals, les Pabouins ayant peu l'habitude des provisions, se composa de quelques bananes sauvages grosses et dures et de quelques grillades de singes, tués à coups de bâtons ou à coups de lances dans la journée.

La fatigue et la faim aidant, je me décidai à goûter de cet animal, dont je trouvai la chair coriace mais moins désagréable que je m'y attendais.

Nous passâmes là une des nuits les plus singulièrement étranges que je puisse retrouver dans la masse de mes souvenirs de voyageur. Les nuits équatoriales ne sont pas calmes comme celles des contrées du Nord : pendant tout le temps que dure la chaleur, les fauves restent abrités dans leurs tanières, attendant l'ombre et la fraîcheur du soir pour partir en quête de leur nourriture; aux derniers rayons du soleil, la nature fatiguée semble s'éveiller pour une vie nouvelle, les premiers rugissements du tigre et du léopard commencent à rouler dans les vallées, se mêlant au bruit solitaire des torrents; on dirait que ces rois des forêts, en quittant leurs lits de mousse au fond de quelques sombres réduits, veulent annoncer ainsi, chaque soir, la prise de possession de leur empire; les gorilles, perchés sur une branche de banian ou sur le toit de feuillage de leur case grossière, leur répondent par des notes plus brèves, plus graves et tout aussi terribles : ils semblent les défier de venir se mettre à portée de leurs griffes puissantes, et soyez sûrs que la recommandation ne sera pas perdue, les fauves suivront le cours des ruisseaux, se répandront dans les plaines voisines, mais pas un, averti par ce cri étrange, par cette note qui a quelque chose d'humain dans sa sauvagerie et qui se termine en roulement de tonnerre, ne se hasardera à venir s'ébattre dans le lieu que le gorille a choisi pour y établir son campement; il sait à quel ennemi terrible il aurait à faire, et le n'gena peut régner sur ces forêts en paisible souverain.

Et cependant, contraste charmant, pendant que le tigre et le grand singe échangent de loin leurs notes menaçantes, des millions d'oiseaux chanteurs qui, pendant toute la journée, avaient cherché, au plus épais des bois, un abri contre les ardeurs du soleil, se réveillent et, sur chaque branche d'arbre et de buisson, font entendre à l'envi leurs chansons les plus mélodieuses.

Cette nuit le concert fut complet, fauves et rossignols, des bois firent entendre tour à tour leurs rugissements et leurs chants.

J'avais fait allumer un feu pour chasser les moustiques et éloigner les visites dangereuses, et, enroulé dans ma couverture, la tête sur mon sac de voyage en guise d'oreiller, je passai plusieurs heures à contempler le spectacle saisissant que j'avais sous les yeux, avant de pouvoir goûter les douceurs du repos.

A la lueur vacillante de la flamme qui, selon la brise, se portait tantôt d'un côté tantôt de l'autre, les arbres, les buissons, les profondeurs de la forêt, prenaient les aspects les plus fantastiques, et la silhouette des guerriers Pabouins, dont la moitié veillaient détachés à quelques pas en sentinelles, se profilait d'une façon singulière sur le fond de feuillage que le feu colorait en rouge sombre.

De grand matin nous pénétrâmes dans les parties les plus touffues et les moins abordables de la forêt, animés par l'espoir d'être plus heureux dans nos recherches. Nous marchions avec prudence.

De tous côtes, nos hommes relevaient des pistes fraîches; ils nous signalèrent plusieurs endroits où des gorilles avaient dû sûrement passer la nuit : il était facile de les reconnaître aux déjections laissées par les animaux.

Et cependant les heures se succédaient, la chaleur commençait à devenir accablante, des traces de gorilles partout, sur les arbres, dans les fourrés, et pas un seul qui daignât nous attendre, nous disputer le passage; j'en éprouvais, je puis le dire, le plus vif désappointement; le danger et son cortège de craintes avaient complètement disparu de mon esprit pour faire place à cette furie de poursuite quand même que les chasseurs connaissent; l'attente toujours suivie d'insuccès me donnait la fièvre, et je n'avais plus qu'un but, qu'un désir, me trouver en présence de cet insaisissable et mystérieux animal qui semblait se jouer de toutes mes recherches,

A un moment donné M'Jenga me saisit par le bras brusquement, je ne pus m'empêcher de tressaillir.

— Qu'y a-t-il, demandai-je?

— Rien encore, me répondit le chef.

— Ces gorilles sont donc ensorcelés? dis-je avec un accent de mauvaise humeur que je ne pus dissimuler.

A ces mots, je vis N'Otooué qui me regardait d'un air étrange.

— Ne parles pas ainsi, dit-il, tu nous porterais malheur.

— Comment cela? lui répondis-je sur le même ton, flairant quelque superstition nouvelle.

— Je ne traduirai pas ta phrase au chef, continua le guide, car il croirait de suite que nous sommes en présence de gorilles *possédés*, et pour rien au monde tu ne lui ferais continuer cette chasse.

— Va-t-en au diable avec toutes tes sottes histoires.

— La raison ne parle pas en ce moment par la bouche du capitaine blanc, me répondit simplement N'Otooué.

Le guide avait raison et je me tus.

M'Jenga voulut à toute force savoir ce que nous avions dit, car l'animation de mes réponses sinon le sens ne lui avait pas échappé. Le guide lui répondit que j'étais tout à fait en colère à cause de l'impolitesse des n'genas qui persistaient à fuir notre visite; mais il n'eut pas le temps d'en dire plus long, un des rabatteurs, qui se trouvait à plus de vingt mètres en avant de nous, venait de faire entendre un petit cri, semblable à celui du lézard Jecko, dont les Pabouins ont l'habitude de se servir entre eux lorsqu'ils veulent appeler l'attention d'un compagnon sur quelque chose.

A l'instant même et instinctivement tout le monde s'arrêta. L'indigène qui avait donné le signal se rabattit sur nous en rampant.

— Qu'y a-t-il? lui demanda le chef.

— N'gena, fit le Pabouin en plaçant un doigt sur son front.

— Dans quelle direction?

Le guerrier étendit la main en avant de nous un peu sur la droite.

— En avant de ce bouquet de grands arbres.

— Attendez-moi tous ici, nous dit le chef, avec ce ton bref de commandement qu'il savait prendre avec ses hommes.

Puis s'adressant à moi :

— Que le capitaine blanc me suive, dit-il.

N'Otooué ne m'eût pas plutôt traduit cette parole que le chef qui s'était lentement baissé jusqu'à terre, se mit à ramper en avant dans la direction que le guerrier venait de nous indiquer. Je le suivis et je dois dire qu'à ce moment je me trouvais de nouveau sous le coup d'une émotion peu commune.

Pendant cinq minutes, un siècle, je vis le chef s'avancer insensiblement sans faire entendre le moindre bruit, écartant lentement de la main les broussailles qu'il n'abandonnait que quand elles m'avaient livré passage; tout à coup il s'arrêta, se souleva à demi et, à travers un épais rideau de feuillage, sembla concentrer son regard sur un point fixe dans l'espace; mon cœur battait à tout rompre.

Enfin, il me fit signe d'approcher... A mon tour je sondai la forêt d'un coup d'œil... Je sentis mes cheveux se hérisser sur ma tête. Au fond d'une clairière, debout sur une case de feuillage, un énorme gorille, les narines au vent, interrogeait l'espace... C'était la première fois qu'il m'était donné d'apercevoir cet étrange et terrible animal, cause principale de mon voyage dans le Congo.

On eût dit qu'il avait flairé le danger, car son œil, d'une singulière férocité, sondait la muraille de feuillage qui le séparait de nous avec une fixité qui nous montrait parfaitement qu'il ne se trompait pas sur la direction qu'il devait prendre pour attaquer ses ennemis.

Le vieux M'Jenga, habitué à ce genre de spectacle, ne bougeait non plus qu'un terme; pour moi un étonnement profond où se mêlait une certaine épouvante me clouait littéralement sur le sol; je ne m'attendais pas à rencontrer un animal d'un aspect aussi terrifiant. C'est un des rares faits de ma vie de voyageur où j'ai pu constater que la fiction, que l'imagination se forme, était au-dessus de la réalité parfois.

Debout, la tête en avant, battant sa poitrine de ses longs bras, il poussa d'abord trois rugissements, où l'accent spécial de la bête fauve sembla se mêler à des cris humains; de son gosier, articulé comme le nôtre, il fit éclater une série de notes grondantes graves et sonores, qui, fortes d'abord, semblèrent parcourir ensuite toute l'échelle de la gamme descendante, en diminuant de volume et d'éclat, comme ces roulements de tonnerre qui crépitent dans la nue et s'éteignent dans une roulade lointaine après avoir ébranlé le ciel de leurs premiers coups.

Tout à coup le chant criard de la perruche à collier rose se fit entendre près de nous. Le gorille s'arrêta étonné : instinctivement je levai moi-même la tête dans le feuillage cherchant à apercevoir sur quelle branche d'arbre était perché l'animal qui chantait dans un pareil moment, je ne vis rien, mais le même cri s'étant fait entendre de nouveau, je m'aperçus que j'étais le jouet d'une imitation admirablement réussie; M'Jenga, en effet, se servait de ce signal pour rappeler tous ses compagnons autour de lui.

Mais quel que fût le degré d'habileté auquel était parvenu le chef des Faus, le gorille sembla ne s'y point tromper, car ce bruit ne fit que redoubler sa fureur.

En ce moment tous les guerriers nous avaient rejoints en rampant dans l'herbe avec les mêmes précautions que nous.

— Chef, fit N'Otooué, d'une intonation si basse que c'est à peine si le son de sa voix parvint jusqu'à moi, la bête nous a dépisté depuis longtemps.

— A quoi vois-tu cela? demandai-je au guide, en retenant mon souffle.

— Regardez, me répondit-il, ses narines sont contractées par la colère qu'excitent nos émanations, son œil farouche ne quitte pas le buisson qui nous abrite.

— S'il nous sent si près de lui pourquoi ne nous attaque-t-il pas? Notre présence lui ferait-elle peur à ce point?

— Peur, le n'gena... Vous ne conserverez pas longtemps cette pensée.

— Qu'attend-il donc pour fuir ou s'élancer sur nous?

Comme je prononçais ces paroles, le vieux chef Pabouin me fit un geste plein d'énergie pour m'inviter au silence.

En ce moment les cris de fureur du gorille, les rugissements qui leur succédaient, redoublaient d'intensité; il était évident, même pour un chasseur aussi inexpérimenté que moi, qu'il se passait quelque chose d'anormal. L'horrible animal faisait claquer ses crocs formidables, s'agitait en tous sens, mais ne quittait pas son toit de feuillage... et je me posai pour la dixième fois cette double question : « Qu'attendons-nous pour lui envoyer un coup de carabine, et qu'attend-il pour nous prévenir? »

Dix fois j'avais épaulé mon Devisme à balle explosible, dix fois le vieux l'abouin en avait, d'un geste, abaissé le canon.

Je ne tardai pas à avoir l'explication de ce mystère.

Au moment où je regardais notre ennemi avec le plus d'attention, comme fasciné par cet étrange spectacle, N'Otooué me fit signe d'abaisser mes regards vers la terre; j'obéis machinalement et j'aperçus en frissonnant d'horreur une seconde tête de gorille qui émergeait à demi du feuillage qui ombrageait la case grossière, dont le toit servait d'asile à son compagnon.

— C'est la femelle, me dit N'Otooué en murmurant ses paroles plutôt qu'il les prononçait; comprenez-vous maintenant pourquoi le gorille ne s'élance pas sur nous? Il est maintenant au paroxysme de la colère, parce que, malgré ses appels réitérés, ses objurgations, ses cris, il ne peut pas parvenir à se faire écouter de sa compagne.

— Que désire-t-il donc?

— Il voudrait la voir détaler sous bois, puis il viendrait régler son compte avec nous; mais elle, qui sans doute allaite un petit avec la prudence que fait naître la sensibilité maternelle, ne veut pas sortir de son réduit sans s'être rendue compte du danger et surtout sans savoir de quel côté elle devra tourner ses pas pour mettre sa progéniture en sûreté.

Au bout de quelques instants elle sembla se décider, car d'un seul bond elle s'élança hors de son abri; le guide ne s'était pas trompé, elle tenait un petit gorille à peine âgé de quelques jours dans ses bras. Le jeune âge de son enfant avait certainement été cause de ses longues hésitations.

Sa sortie fut saluée par le mâle par un rugissement plus terrible encore que les autres; je sentis mes cheveux se hérisser sur ma tête, et il ne pouvait en être autrement en face d'une scène aussi saisissante et aussi imprévue.

Au bout de quelques secondes d'observation la femelle n'hésita pas. Elle comprit avec un flair merveilleux que le danger était dans notre direction, et faisant volte-face elle s'élança sous bois sans pousser un seul cri.

Satisfait de son obéissance, la gorille sauta en bas de son toit de feuillage, en grondant avec moins de fureur; sa femelle était désormais en sûreté, et, le but de ses efforts atteint, il semblait se préparer à la rejoindre, non sans jeter des regards furibonds vers le massif de verdure qui lui voilait ses ennemis.

— Attention! me dit N'Otooué sur un signe de M'Jenga, voulez-vous tuer celui-là?

Je fis un signe énergique d'affirmation.

— Alors, poursuivit le guide après avoir interrogé le chef du regard, il faut nous découvrir, sans cela il va nous échapper.

Nous fîmes irruption dans la clairière.

En nous apercevant le gorille s'arrêta!

— Ne tirez qu'au commandement, fit rapidement N'Otooué.

Ce n'était pas le moment de l'interroger sur la singulière direction donnée à la chasse, j'épaulai mon arme et j'attendis.

L'animal était à environ cinquante pas de nous, bien de face; en moins d'une seconde je l'eusse couché par terre; la tentation était forte, mais j'y résistai. Chaque fois que j'ai chassé dans l'intérieur de l'Afrique australe avec des chefs indigènes, je me suis toujours fait une loi de me soumettre aveuglément à leur consigne, tout en veillant de mon mieux à ma sûreté, bien entendu.

On peut être sûr que ces gens, habitués aux sauvages habitants de leurs forêts, ne s'amuseront pas à vous faire d'inutiles recommandations. Dans tous les cas, je me suis toujours bien trouvé de cette manière d'agir.

Le gorille s'était jeté à quatre pattes dans la posture qu'il affectionne pour courir dans les halliers, mais notre vue, en un instant, lui rendit toute sa fureur :

il se redressa immédiatement sur ses larges pieds avec un rugissement terrible et prolongé qui ébranla la forêt, et toute hésitation ayant disparu, il s'avança sans se presser dans notre direction en se frappant avec force la poitrine de ses longs bras.

Ce geste paraît lui être familier, surtout dans ses grands moments de colère; depuis dix minutes à peine que nous étions arrivés en face de lui, c'était la troisième fois que je le voyais faire retentir ainsi sa large poitrine. Je ne puis mieux comparer les sons qu'il faisait entendre en accomplissant cet acte qu'à ceux des tams-tams quand on les garnit de drap pour les marches funèbres. Il se frappait à coups redoublés, et avec une sorte de cadence qu'il ponctuait avec de véritables roulades de rugissements et des regards d'une férocité sans pareille.

M'Junga me fit signe qu'il s'en remettait à moi du soin de tirer le premier.

— Puis-je tirer à volonté? répondis-je rapidement.

— Attends qu'il ait dépassé le tronc de ce palmier mort et surtout ne le manque pas, tu n'aurais pas le temps de cligner de l'œil qu'il serait sur nous.

C'était, comme toujours, N'Otooué qui m'avait transmis les paroles du vieux chef Pabouin; il s'acquittait à merveille de son rôle de traducteur.

L'arbre qu'on venait de m'indiquer n'était pas à vingt mètres de nous.

J'épaulai avec soin mon arme... Le gorille approchait... je visai en pleine poitrine... L'animal dépassait à peine la ligne du palmier que la détonation de mon Devisme faisait retentir la forêt et que la bête tombait sans pousser un cri.

Le coup avait été foudroyant.

Je m'élançai pour me rendre compte de l'effet terrible produit par ma balle explosible, mais N'Otooué me retint.

— Prends garde, me dit-il, il peut se relever encore, et il lui suffit d'un seul coup de griffes pour t'ouvrir le ventre et te tuer.

Le conseil était prudent, je m'y conformai.

Cependant je dois dire que j'étais dans la persuasion la plus complète que le gorille n'avait pas vécu une seconde sur mon coup. Les cartouches dont je me servais, fabriquées par le grand armurier de Paris, n'avaient jamais trompé mon attente, et dans mes chasses au tigre, au Bengale, il ne m'était pas arrivé de voir un animal atteint se relever.

Le gorille, en effet, ne bougeait plus, aucun mouvement du corps n'indiquait la plus faible respiration, il était bien mort.

N'Jenga cependant, avant de nous laisser approcher, envoya un de ses hommes le pousser légèrement avec sa lance, peine inutile, le n'gena ne devait plus faire peur à personne.

Quand je montrai aux Pabouins la terrible blessure qu'il avait reçue, l'animal portait au-dessous du cœur un trou à y mettre les deux poings, ils regardèrent ma carabine d'un air effrayés et se mirent à parler avec volubilité entre eux.

— Que disent-ils? fis-je à N'Otooué.

— Ils sont tous d'accord qu'ils donneraient bien deux femmes et dix esclaves pour en posséder la pareille.

Une pareille convoitise n'était pas de mon goût... Que de voyageurs se sont fait tuer au centre de l'Afrique, uniquement parce qu'ils avaient de trop belles armes... J'usai immédiatement d'un stratagème qui devait avoir pour résultat de mettre ma personne et mes armes en sûreté.

J'avais dans mon approvisionnement toute une série de cartouches vides pour la chasse au petit gibier, et je les confectionnais moi-même, selon mes besoins, et avec le numéro spécial de plomb qui m'était nécessaire pour l'animal que je voulais atteindre. Je chargeai ostensiblement ma carabine avec une de ces cartouches munies de leurs capsules seulement, et la remettant à M'Jenga lui-même, je me plaçai à un mètre de l'embouchure du canon, en ordonnant au chef Pabouin de me tirer en plein corps.

Et comme il hésitait, je lui dis :

— Exécute sans crainte mes ordres, cette carabine est une arme fétiche qui ne part qu'entre mes mains.

N'Otooué traduisit fidèlement, je pense, car le vieux chef épaula immédiatement et pressa sur la détente : le chien s'abattit, mais un petit bruit sec, celui de la capsule qui éclatait, se fit seulement entendre, et M'Jenga effrayé me rendit immédiatement mon arme, dont les autres indigènes s'éloignèrent avec effroi comme s'ils eussent craint que quelque influence maligne ne leur jetât quelque sort.

La superstition a un tel empire chez ces peuples que pas un de mes compagnons, après cette aventure, n'eût accepté en cadeau cette carabine qu'il prisait si haut quelques instants auparavant.

Désormais je pouvais être tranquille.

Je mesurai le gorille que je venais de tuer, sa taille dépassait un mètre quatre-vingt-dix centimètres. C'était, ainsi que j'ai pu m'en assurer depuis, un des plus grands de l'espèce.

Je demandai alors à N'Otooué, pourquoi

le vieux chef ne m'avait passé laissé tirer sur la femelle, toute la troupe eût en même temps déchargé ses armes sur le gorille mâle, et nous eussions pu nous emparer du petit, ce qui eût été pour moi une capture du plus grand prix. Vu le jeune âge du petit gorille, on eût pu l'élever au lait de vache, et si j'étais arrivé à le sauver, j'aurais peut-être pu le priver, et fait faire le premier pas à l'importante question de la domestication du gorille.

Après m'avoir écouté attentivement, l'illustre N'Otooué me demanda un verre de rhum en l'honneur du beau coup que, grâce à lui, je venais de faire; je vidai la moitié de ma gourde dans une calebasse et je la présentai d'abord au chef : le vieux Fabouin n'en laissa pas une goutte; remplie de nouveau, N'Otooué la reçut en tremblant de joie et imita son ami; après l'avoir consciencieusement vidée il me répondit.

— J'ai bien entendu tout ce que tu m'as dit et je vais parler très bien sur tout cela, car il n'y a rien qui délie aussi bien la langue que la *bonne* liqueur des *bons* blancs. M'Jenga a parfaitement dirigé la chasse, c'est un vieux chef qui connaît tout ce qu'il faut faire dans le mafoua (désert africain). Si nous avions manqué la femelle, elle se retournait contre nous pour défendre son petit, et nous avions sur le dos deux gorilles au lieu d'un. Dans ce cas, il y aurait eu certainement mort d'hommes; quant au petit, ne regrette pas de n'avoir pu t'en emparer, il n'aurait pas vécu plus de quatre ou cinq jours sans la mère.

Ayant ensuite demandé si, parmi les indigènes qui m'accompagnaient, ils ne s'en trouvait pas quelques-uns qui eussent tenté d'apprivoiser de jeunes gorilles, il me fut répondu avec un ensemble parfait que le léopard, le tigre, la panthère même s'adoucissaient dans l'état de captivité, mais que le n'gena ne se pouvait priver, quel que fût l'âge où on s'en fût emparé. Cependant aucun de mes Pabouins ne put m'affirmer qu'il eût lui-même tenté l'aventure; tous parlaient par ouï-dire. Du reste le fait était sans grande importance pour eux, et ils ne comprenaient pas qu'on se donnât la peine de chercher à civiliser un animal aussi féroce et qui n'était bon à rien.

N'Otooué me déclara, en effet, d'un ton convaincu, qu'il faudrait être fou pour perdre ainsi son temps; que cette *mauvaise bête*, au surplus, ne valait pas même le coup de fusil employé à la tuer, car enfin, elle ne fournissait ni ivoire, ni pelleterie qu'on pût aller échanger contre du rhum, de la poudre, dans les boutiques des traitants.

Très pratique, ce brave N'Otooué.

On conçoit que je ne leur parlai pas de l'intérêt scientifique. C'eût été lettre morte pour mes gens, je dus donc me contenter, pour le moment, de leur affirmation; mais comme j'étais décidé à étudier la question par moi-même, je promis une forte récompense à celui des indigènes qui pourrait me procurer un jeune gorille vivant. Tous jurèrent qu'ils m'en apporteraient un sous peu. Mais aucun d'eux ne put tenir sa parole, tant il est difficile de s'emparer d'un de ces jeunes animaux que le père et la mère défendent jusqu'à la mort.

Le hasard, plus heureux parfois que tous les efforts les plus persévérants, se chargea, mais beaucoup plus tard, d'exaucer mes désirs.

De cette première chasse je pouvais retenir, comme absolument démontré, que le gorille se construit des espèces de cases, et que le mâle, quand ces réduits abritent sa jeune famille, affectionne de veiller à sa sûreté, en se plaçant comme une sentinelle sur le toit de feuillage de cette sorte d'habitation.

Il me parut aussi hors de doute, en tenant compte des récits unanimes des indigènes, et de ce que je venais de voir par moi-même, que le gorille attaque parfaitement l'homme, dès qu'il le voit, et sans attendre d'être blessé, mais que la femelle ne fait pas tête au danger, et qu'elle se préoccupe surtout de fuir pour mettre son petit en lieu sûr.

Nous campâmes vingt-quatre heures en

ce lieu, pour me donner le temps de préparer le crâne de mon gorille ; je ne pouvais songer à sauver le squelette entier, car toutes les côtes du côté gauche et la plus grande partie de l'épine dorsale avaient été littéralement mises en pièces par ma balle explosible.

Mes Pabouins se partagèrent la chair de l'animal, qu'ils firent griller sur des charbons ardents, et la mangèrent à demi-saignante encore. J'aurais bien voulu y goûter, ne fût-ce que pour pouvoir me prononcer, en connaissance de cause, sur la saveur de cette viande singulière. Mais je dois dire que, malgré tous mes efforts, je ne pus m'y décider ; il me semblait que cette chair avait quelque chose d'humain, et rien ne parvint à me faire surmonter ma répugnance.

La cervelle ne fut pas du festin, le chef M'Jenga se la réserva, il la plia soigneusement dans une feuille de bananier, et dépêcha un de ses hommes pour la porter aux gaugas (sorciers) de son district, qui fabriquent avec cet ingrédient et de l'huile de palmier une espèce de pommade dont le charme est véritablement magique. Il suffit en effet de s'en barbouiller le corps pour n'avoir plus rien à craindre des n'genas; on peut aller se promener en pleine forêt, sans armes, et loin de vous rien faire, le gorille le plus féroce vient à vous avec la mine la plus charmante, vous remet dans votre chemin si vous êtes égaré, vous donne à manger si vous avez faim, bref, exerce à votre égard tous les droits de l'hospitalité.

— Je t'en donnerai au retour dans un petit tube de bambou, me dit le vieux Pabouin, toi qui veux essayer d'apprivoiser le n'gena, c'est le meilleur moyen que tu puisses employer.

Je remerciai le chef avec effusion, en l'assurant que je ne manquerais pas d'user de sa drogue à l'occasion.

Mais il y avait un revers à la médaille, les meilleures choses ne peuvent pas durer toujours. Cette merveilleuse pommade perdait de ses effets, au fur et à mesure qu'elle disparassait par le jeu naturel des fonctions de la peau, et par contre la férocité du gorille avec lequel vous vous trouviez augmentait dans la même proportion : tant que la pommade était fraîche, il vous accablait de protestations d'amitié ; dès qu'elle commençait à rancir, il vous assommait.

— C'est ainsi, me dit en terminant M'Jenga, que le grand Maramba, qui a créé tout ce qui existe, n'a pas voulu qu'il y eût rien de parfait sur la terre.

Je regardai mon sauvage bien en face, le vieil hypocrite ne sourcilla pas, et son histoire se termina par une nouvelle demande de rhum, que je me hâtai de satisfaire, dans une mesure très modérée cependant. Je partageai le restant de ma gourde entre lui et mon guide N'Otooué.

La plupart des voyageurs et du Chaillu, mon devancier, lui-même, représentent les noirs de ces contrées comme des espèces de sauvages à moitié abrutis, que le blanc ne peut maintenir dans l'obéissance que par la crainte ; il y a du vrai dans cette opinion, et l'Européen qui ne saurait pas inspirer le respect, en un tour de main serait dépouillé, volé et abandonné au milieu de la première forêt qu'il traverserait, et cela par ses propres guides; il y a donc une certaine manière de se conduire avec l'africain M'Pongoué, M'Roudémos, Sékianis, Pabouins ou citoyens du royaume de Loanda, pour que rien dans leur esprit ne porte atteinte à votre prestige. Mais j'ai remarqué que ces prétendus sauvages nous observaient avec une finesse extrême, et savaient admirablement faire tourner à leur profit la faiblesse de caractère ou de tempérament, les qualités bonnes ou mauvaises qu'ils avaient pu découvrir chez vous.

Pour peu qu'on soit sensible à la flatterie, ils le remarquent avec une rapidité extrême, et vous accablent des plus louangeuses hyperboles; ils savent prendre pour vous parler un air de sincérité naïve, à convaincre les plus incrédules, et au fond je suis persuadé qu'ils se moquent parfaitement de vous. Il y a chez tous ces gens une finesse native, un penchant à l'astuce et à la ruse, dont il faut tenir grand compte dans ses relations avec eux, et surtout quand on veut porter un jugement sur la moyenne générale de leur intelligence. Je vais peut-être étonner le lecteur, mais je puis lui affirmer que je ne place pas ces populations africaines beaucoup au-dessous des paysans de certaines contrées de la France.

Un exemple pour mettre ma pensée en lumière :

Un soir, je reposais tranquillement sous la tente de feuillage que N'Otooué et sa femme édifiaient chaque soir à mon intention. Nous étions chez les Oveugas, je causais avec un matelot anglais, déserteur, qui était venu s'établir dans le pays. Tout à coup, nous entendîmes mon guide qui chantait au milieu d'un groupe nombreux d'Oveugas, qui ponctuaient chacune de ses paroles par d'interminables éclats de rire.

— Vous ne savez pas ce que chante votre homme? me dit l'Anglais, qui avait tout à coup interrompu la conversation pour mieux écouter.

— Je ne m'en doute même pas, répondis-je.

— Eh bien, je vais vous le traduire.

— Volontiers.

— Avez-vous une bonne canne entre les mains ?

— Je ne vois pas le rapport...

— Inutile ! prenez ce jonc flexible; maintenant écoutez :

>Mes amis les blancs sont très bons,
>En avez-vous goûté, en avez-vous goûté?
>Ils ont la chair blanche comme les poules,
>Et délicate comme celle du nsiégo-m'bouvé,
>En avez-vous goûté, en avez-vous goûté?
>Comme vous engraissez les porcs dans le marigot
>Moi je mène mon blanc dans les bois,
>Et puis je le mangerai, car les blancs sont très bons,
>En avez-vous goûté, en avez-vous goûté?

En entendant cette étrange poésie, je ne pus m'empêcher de rire, malgré la colère qu'elle excita en moi. Je n'en étais point surpris, car je connaissais toutes les fanfaronnades dont le sieur N'Otooué était capable; cependant on avouera que celle-là dépassait la mesure.

Mon guide chantait toujours, à la grande joie des Oveugas.

— Il en a bien pour une heure encore,

me dit mon compagnon, car sa verve ne tarit pas.

— Et toujours sur le même sujet ?

— Toujours sur le même sujet; en ce moment-ci, il vous fait manger beaucoup de bananes, de maïs et d'ananas sauvages pour rendre votre chair plus savoureuse.

Je me levai, le rotin de l'Anglais à la main, et, pénétrant au milieu du cercle des indigènes, je fis pleuvoir sur les côtes de mon improvisateur, une grêle de coups appliqués de main de maître. Je renonce à dépeindre l'effroi du malheureux, qui, chantant dans sa langue, se croyait absolument en sûreté. Il se jeta immédiatement à plat ventre et implora son pardon en me jurant, sur tous les mokissos de sa tribu, qu'il n'avait voulu que s'amuser un peu de la crédulité des Oveugas.

Je ne m'arrêtai que quand je jugeai la correction suffisante. Cet acte était d'une nécessité absolue. Si j'eusse été seul, je me fusse abstenu d'intervenir, même ayant compris le sens des paroles de N'Otooué. Les Oveugas n'eussent pas manqué de dire en riant à mon guide : Chante donc cela à ton bon blanc dans sa langue. Et comme il n'eût pas osé le faire, les rieurs n'eussent pas été de son côté.

Mais, dans ce cas particulier, avec un autre Européen qui, les gens du pays le savaient, connaissait la langue et devait ne pas manquer de me faire connaître les plaisanteries dont j'étais l'objet, dans l'intérêt même de ma sûreté, je ne pouvais fermer les yeux sur l'effronterie de N'Otooué.

Le fait, si simple en apparence, se fut répandu dans tout le pays comme une traînée de poudre, et qui donc alors, parmi les Obuyas, les Iseuges, les Apingis et les Ashiras, que je voulais encore visiter pour compléter ma collection de singes, eût respecté un blanc qui se laissait ainsi traiter par son guide?

Je n'eus plus, depuis ce jour, à me plaindre de N'Otooué, qui sembla au contraire redoubler de soumission et de soins empressés, pour me faire oublier sa mauvaise plaisanterie.

On excusera cette légère digression sur le caractère des noirs du pays des gorilles ; il était autant moins de la bien faire connaître que je suis destiné à conduire le lecteur pendant de longs mois encore dans cette contrée, à la chasse de l'éléphant sauvage, du rhinocéros et de l'hippopotame...

J'avais mon premier gorille, le vieux M'Jenga avait tenu sa parole ; nous n'avions plus qu'à retourner au village des Faus, cette excursion était terminée.

Je fis au chef les présents que je lui avais promis et j'allégeai mes porteurs d'un petit baril de rhum, à l'intention des autres Pabouins qui m'avaient accompagné.

Je restai à peu près une huitaine de jours dans le village, et quand je fus sur mon départ, les chefs se réunirent pour me faire leurs adieux. Ils procédèrent, à mon égard, à une cérémonie bizarre qui existe chez les Faus, lorsque l'un d'eux veut adopter quelqu'un.

Le vieux chef M'Jenga me prit le bras et, me piquant légèrement avec une épine, fit jaillir une gouttelette de sang, il s'en fit autant à lui-même ; alors un autre chef, s'approchant avec deux petits éclats de roseau, enleva ces deux gouttes de sang, plaça l'une, celle de M'Jenga, sur mon bras à la place même où j'avais été piqué, et l'autre au même endroit sur le bras du vieux chef.

— Maintenant, me dirent les Pabouins, tu es notre blanc, car tu es devenu le fils de M'Jenga ; tu peux maintenant voyager dans toutes les tribus des Faus, partout tu seras reçu comme un des nôtres.

Comme signe de reconnaissance, on me remit un morceau de bambou sur lequel quelque artiste de la bande avait tracé une série de lignes bizarres, à l'aide d'une pointe de fer rougie au feu.

Chose étrange, chez tous les peuples de civilisation rudimentaire, ce qu'on appelle l'état d'enfance, ce genre d'adoption d'un étranger par un village, existe avec des formalités et des cérémonies variées, et les tendances du cerveau humain sont tellement les mêmes partout, que l'idée reste, malgré le progrès des mœurs et des idées, et que cette coutume se retrouve plus tard chez les nations civilisées, sous le nom de droit de cité... Il n'y a plus mélange du sang, mais c'est toujours l'étranger qu'on adopte.

Je vais maintenant épuiser la question du gorille en disant quelques mots de la tentative que je fis pour apprivoiser un de ces jeunes animaux.

J'ai rapporté plus haut que, pendant mon séjour dans le premier village Pabouin, bien que tout le monde se fût mis en campagne pour gagner la somme promise, personne n'avait pu me procurer un jeune gorille, et que j'avais dû à un pur hasard la satisfaction de ce désir.

En quittant mes amis les Pabouins, j'avais annoncé à N'Otooué mon intention de me diriger sur le fleuve Rembo ou Oveuga, et de l'atteindre à peu près à l'endroit où, faisant un coude à moins de quinze lieues de la côte, il remonte brusquement au nord pour se jeter vingt-cinq ou trente lieues plus haut dans l'Océan. Cette contrée m'était signalée comme fréquentée par les gorilles et contenant une variété infinie de singes de toutes espèces.

Le voisinage de la côte étant malsain, en raison de la grande quantité de marécages qu'on y rencontre, nous inclinâmes un peu dans l'est, où se trouvent des terrains plus élevés et généralement boisés. Ces lieux sont en outre très abondamment pourvus d'animaux de petite chasse, cerfs, sangliers et poules sauvages, en telle quantité qu'on n'a pas à craindre la famine.

Cinq jours après mon départ, nous avions relevé la tente légère que je faisais toujours planter en forêt ; car rien n'est dangereux comme les rosées des nuits qui tombent des feuillages, dans les bois africains. Je marchais en avant, en causant avec N'Otooué; après nous venaient la femme et le fils du guide, et, un peu en arrière, mes cinq porteurs, qui fredonnaient une chanson du pays sur un ton nasillard, faite pour marquer la cadence de leurs pas, ainsi que les refrains des matelots unissent par la mesure tous les efforts quand on vire au cabestan... Tout à coup, N'Otooué s'arrêta en faisant signe à tout le monde de l'imiter : un petit cri strident venait de traverser l'espace.

Je portais ma carabine au repos sur l'é-paule, ne m'attendant à rien ; avec la rapidité de la pensée, le canon tombait sur ma main gauche, j'étais prêt... Il ne faut jamais se laisser surprendre dans le masoua ; dix secondes d'hésitation peuvent parfois vous coûter cher.

— Qu'y a-t-il ? fis-je rapidement à mon guide.

— Ce cri que vous avez entendu...

— Eh bien ?

— C'est celui d'un jeune gorille qui appelle sa mère.

— En es-tu sûr ?

— Parfaitement sûr ! préparez-vous à tirer. Nous n'avons entendu aucun bruit de branchage froissé par la fuite de la bête, ou bien la mère ne se doute pas de notre présence, ou bien elle est trop éloignée de son petit et craint de nous révéler, en se pressant trop, le lieu où se trouve ce dernier... Venez. Agissons avec prudence.

Nous nous avançâmes seuls tous deux, retenant notre souffle. Un second cri se fit entendre de nouveau à une assez faible distance de nous. Tout était silencieux dans la forêt, et j'étais à ce point ému qu'il me semblait percevoir le mouvement de mon cœur.

N'Otooué me précédait... A un moment donné, je l'entendis prononcer rapidement ce seul mot :

— Attention !

Et je le vis épauler rapidement son fusil et tirer; un cri terrible répondit à la détonation, et avant que j'ai eu le temps de me rendre compte de ce qui se passait, une masse noire et velue, toute couverte de sang, s'abattait sur le guide.

Avec la vitesse de la pensée, j'avais le revolver en main, et je faisais sauter la cervelle au gorille, à l'instant même où de sa large et puissante mâchoire, il allait broyer le cou de N'Otooué. Le guide, qui n'était point blessé, car quelques égratignures à l'épaule n'étaient guère à compter en ce moment, s'était relevé d'un bond et saisissait par la peau du dos un petit gorille qu'il me présentait avec un cri de triomphe.

C'était un petit animal de deux ans à peine, haut d'environ 60 à 65 centimètres ; il poussait des cris de terreur et, malgré son jeune âge, faisait tous ses efforts pour mordre la main qui le tenait.

Qu'on juge de ma joie, le danger couru n'était rien en raison de ma capture ; car d'après les récits des naturels, j'avais absolument abandonné tout espoir de pouvoir jamais m'emparer d'un gorille en bas âge.

Je ne pus cependant m'empêcher de gronder N'Otooué.

— Tu as commis une grave imprudence, lui dis-je ; si j'avais seulement été à dix pas de toi, je ne pouvais te porter secours avant que le n'gena ne t'ait broyé le cou et écrasé la tête.

— Si je n'avais pas tiré, la bête s'échappait, le petit lui avait déjà passé les bras autour du cou; le temps de vous laisser passer devant moi et elle disparaissait sous bois.

Tout ému, j'allais m'oublier jusqu'à remercier N'Otooué d'avoir ainsi, de propos délibéré, joué sa vie pour satisfaire un désir qui ne devait lui paraître qu'un caprice, lorsqu'il se chargea en deux mots, de me rappeler à la réalité.

— Le capitaine, me dit-il, est un bon blanc, il donnera à son ami N'Otooué, le prix convenu.

— Quel prix? fis-je, tout étonné, et ne voyant pas de suite où tendait la question.

— Est-ce que le capitaine n'a pas dit aux Faus : je donnerais bien un fusil de chasse à deux coups et un baril de rhum à celui qui m'apportera un jeune n'gena.

— Certainement.

— Eh bien, N'Otooué est un Pabouin, et il a procuré un jeune n'gena au capitaine.

— Et tu demandes alors que je te remette comme prix de ta capture...

— Ce que le capitaine a promis.

— Soit! J'aime mieux ça que ton dévouement, et je tiendrai ma parole; je vais te donner à l'instant le fusil de chasse et les munitions nécessaires, car l'un ne va pas sans l'autre, tu vois que je suis bon prince; quant au rhum, ne compte pas recevoir le baril entier de suite.

— Pourquoi cela?

— Parce que tu es à mon service pour tout le temps du voyage, et que je ne veux pas que tu te grises à en perdre la raison. Voici la proposition que je puis te faire. Si tu veux, je te donnerai un verre de rhum tous les jours, jusqu'à ce que tu aies épuisé ta provision. Si cet arrangement ne te conviens pas, tu ne recevras le baril qu'à notre arrivée au cap Lopez, c'est-à-dire à la fin de notre excursion.

— Je préfère recevoir le baril au cap Lopez.

C'est entendu!

J'avais cru un instant.., un seul instant que quelque chose d'élevé pouvait germer dans la tête d'un Africain. Je m'étais grossièrement trompé. Mon guide ne s'était dévoué, avait failli laisser sa peau entre les mains du gorille, non pour me sauver la vie ou satisfaire un de mes désirs, il voulait simplement gagner un baril de rhum pour se griser à son aise...

L'Africain ne fait rien pour rien... Maintenant, quand je dis *l'Africain*, je crois que je suis souverainement injuste, et que le *Bimane* de l'ordre des *Primates*, famille des Anthropoïdes, qui a nom l'homme, est à peu près le même sous toutes les latitudes. Il y met plus de formes dans les pays civilisés, mais, par contre, que de fois il vous dépouille sans rien vous donner en échange.

N'Otooué était à mon service, me devait son assistance en tout état de cause, tout son temps m'appartenait; j'étais donc parfaitement en droit de l'empêcher, en ne lui donnant point le rhum de suite, de se mettre pendant huit ou dix jours de suite dans un état qui eût mis notre petite caravanne à la merci de tous les hasards... et, si je puis m'exprimer ainsi, le hasard avec tous ses dangers imprévus est presque la règle dans l'Afrique équatoriale.

J'avais donc mon jeune gorille, tous mes désirs étaient comblés, et sur l'heure je commençai son éducation en lui administrant une légère correction avec une branche de banian. Le traitement fit effet, et le petit animal, saisi de terreur, ne chercha plus à mordre.

Il m'était impossible de faire mes essais de dressage en continuant notre marche. Je résolus donc de stationner pendant quelques jours dans le village le plus voisin.

Je donnai, en attendant, le petit gorille à un de mes porteurs, en lui enjoignant de ne point lui faire de mal, tout en se garantissant cependant de ses morsures.

Le soir même nous atteignimes Strombé, centre habité assez important, situé à 25 ou 30 kilomètres du Rembo. Le souverain du pays se nommait Jengueza; il avait déjà vu plusieurs blancs trafiquants, qui étaient venus faire des échanges dans ses États. Il m'offrit l'hospitalité, et déclara à tous ses sujets que j'étais *son blanc* et qu'on eût à me respecter comme tel.

Ceci fait, il me tendit la main; je savais ce que cela voulait dire; en quelque lieu que ce soit, sur notre croûte terrestre, le langage des signes ne change pas.

Je lui donnai un revolver et une boîte à musique; l'arme le combla de joie, car il y avait déjà longtemps qu'il en désirait une semblable; mais la petite *serinette*, qui jouait une demi-douzaine d'air, éleva son bonheur jusqu'au ravissement.

Il se la passa au cou à l'aide d'une cordelette, et poussant les ressorts et tournant la manivelle, que je lui avais indiqués, il se mit à se promener dans tout le village, suivi par ses sujets des deux sexes, qui poussaient à qui mieux mieux des interjections d'étonnement et de plaisir. Ayant ainsi assuré ma situation dans le village, je pus me livrer en paix à mes tentatives de civilisation.

J'avais fait confectionner par mes hommes une cage assez forte en bambou, et j'y avais installé mon gorille sur un lit d'herbes sèches. Cette opération ne s'était pas accomplie sans peine, car la méchante petite bête, revenue de son premier effroi, avait repris toute sa férocité et distribuait à droite et à gauche coups de dents et coups de griffes, qui eussent occasionné de terribles blessures, si l'illustre N'Otooué, mon guide, n'eût trouvé le moyen de rendre la fureur du monstre inutile; pendant qu'il le faisait tenir par deux hommes, il lui avait coupé les griffes et lui avait emprisonné le cou dans une fourche qui permettait de le maintenir à distance.

En cet état nous avions été obligé de le maintenir fortement par la nuque, afin de lui enlever l'espèce de cangue qui le maintenait en respect, mais qui l'eût par trop gêné dans la cage. Nous avions réussi, non sans attraper quelques coups de dents.

N'Otooué étant d'avis qu'il fallait donner un nom à mon prisonnier, je l'avais appelé Joseph. C'était une véritable antithèse, car on sait que les hommes les plus illustres qui ont porté ce nom, ont été des modèles de douceur et de sociabilité... du moins l'histoire nous l'apprend, et mon jeune gorille ne devait pas marcher sur les traces de ses patrons.

J'eus beau, pendant les premiers jours de sa captivité, lui faire donner l'eau la plus pure, les meilleurs fruits de la forêt, bananes, ananas, herbages parfumés, il ne voulut toucher à rien. Cependant, un matin, je m'aperçus que ses provisions avaient diminué et que la calebasse pleine d'eau était vide : la faim avait eu raison de son obstination. Je jugeai le moment opportun pour intervenir et l'habituer peu à peu à ma présence et à ma voix.

En m'apercevant, il se recula dans le coin le plus éloigné de la cage et se mit à gronder en me montrant les dents; lorsque je faisais le tour de cette prison à claire-voie, il se précipitait du côté opposé, chaque fois que j'arrivais auprès de lui. Si je passais ma main à travers les barreaux pour le carresser, il s'élançait, la gueule ouverte, de toute la vitesse dont il était susceptible, et je n'avais que le temps de me retirer de même, si je voulais éviter ses terribles crocs.

Malgré son jeune âge, sa dentition était entièrement achevée, et il ne lui manquait que la force des mâchoires pour être très dangereux ; il n'eût pas fallu cependant se hasarder à lui laisser un de ses doigts sous la dent, je crois bien qu'il ne vous l'aurait pas rendu. Un matin, en cherchant à s'échapper, tentative qu'il renouvelait chaque fois qu'on ouvrait sa cage, il mordit un de mes hommes à l'épaule, et du coup il emporta le morceau.

Il continua, tous les jours qui suivirent, à ne vouloir manger et boire que la nuit. Voyant que je n'arrivais à rien, et ne voulant point finir mes jours à Strombé, je résolus de changer de tactique ; je ne lui fis plus donner aucune nourriture, et quand je vis qu'il devait être talonné par la faim, je m'approchai de lui avec des morceaux de cannes à sucre sauvages et des jeunes plans d'ananas dont j'avais remarqué qu'il était très friand.

Il me regarda en poussant ses mêmes

grognements; mais cependant je remarquai toutefois que ses yeux, quand ils cessaient de se porter sur moi, s'abaissaient avec un certain plaisir sur les fruits que je lui présentais, cela me fit un instant bien augurer du succès final de mes tentatives. En effet, comme pour donner raison à mes prévisions, Joseph, au bout de quelques heures de ce manège répété, s'approcha doucement de l'extrémité de la cage où je me tenais, passa le bras au dehors, m'arracha vivement un morceau de canne à sucre et, se retirant précipitamment, s'en fut le manger du côté opposé.

Le lendemain il satisfit complètement sa faim, acceptant et prenant directement de moi tout ce que je lui présentais; mais mes tentatives pour le toucher furent aussi vaines qu'aux premiers jours. Ayant voulu me hasarder à passer la main sur le pelage fauve de son dos, je n'eus que le temps de la retirer pour éviter le terrible coup de dent qu'il essaya de me donner.

Je ne pus rien obtenir de plus; tant que je lui présentais sa nourriture, il acceptait de rester près de moi sans trop faire de façon ; dès que je n'avais plus rien à lui donner, il se retirait en grondant et en me faisant d'atroces grimaces.

Un matin, pendant qu'on lui changeait la litière de fourrage sur laquelle il se reposait, il s'élança sur le noir, au moment où ce dernier ouvrait la cage, le mordit cruellement et s'élança au dehors. J'étais témoin de la scène, mais tout cela avait eu lieu si rapidement que je n'avais pas eu le temps d'intervenir.

Joseph fuyait à toutes jambes vers la forêt; je me mis à crier et les indigènes qui se trouvaient en avant, armés de pieux et de lances, se disposèrent à barrer au jeune gorille le chemin du masoua.

Quand ce dernier vit qu'il ne pourrait point passer, il s'élança vers un elœis guinensis qui élevait à 90 mètres dans les airs son tronc droit et élancé, et se mit à grimper avec moins d'agilité qu'il n'en aurait eue, si N'Otooué ne lui eût coupé les ongles, mais avec assez de vitesse pour être hors de toute atteinte, lorsque les noirs qui le poursuivaient arrivèrent au pied de l'arbre.

Je le regardais s'élever, non sans une certaine curiosité ; de temps à autre, il s'arrêtait pour gronder et nous jeter un regard de défi, puis il reprenait son ascension. Quand il arriva au sommet de l'arbre géant, il se cacha dans le bouquet de feuillage qui le couronnait et ne donna plus signe de vie.

Un des guerriers d'Yengueza s'offrit, moyennant une récompense débattue, à aller le chercher. Je n'avais pas encore abandonné tout espoir de réussite, et j'acceptai.

Le noir, après s'être entravé les jambes, à la manière de ceux qui vont récolter les fruits de l'elœis, se mit à gravir lentement le tronc lisse et glissant de l'arbre de Guinée ; tout alla bien pendant la première moitié du trajet. Il emportait, roulé autour de sa ceinture, un de mes filets de pêche et, parvenu au sommet, il devait habilement le jeter sur le jeune gorille et s'emparer ainsi de l'animal sans courir de danger sérieux.

Quand le noir eut dépassé le point milieu environ de l'elœis, nous aperçûmes tout à coup le gorille sortir de sa cachette de feuillage et se pencher en avant, en se retenant à une branche, pour observer les mouvements de celui qui lui donnait l'assaut.

Le spectacle était des plus singuliers à observer, et en entendant les grondements de fureur que Joseph se mit à pousser, je compris que le noir n'aurait pas raison de lui aussi facilement qu'il l'avait pensé.

A un moment donné, comme il continuait à monter, il reçut sur la tête tout un régime de fruits que messire Joseph venait d'arracher de l'arbre; à celui-là un autre succéda bientôt et nous assistâmes au plus amusant des spectacles; en quelques minutes, le jeune n'gena eut complètement dépouillé l'elœis de sa couronne de fruits, et il resta sans armes défensives.

L'indigène en tournant habilement autour de l'arbre, avait évité l'atteinte de la plupart des projectiles improvisés que le singe lui avait lancés, et qui, du reste, vu leur état de maturité, ne pouvaient guère plus lui faire de mal qu'une pomme pourrie.

Quand le gorille vit qu'il ne lui restait plus rien sous la main, il comprit sans doute son impuissance, car il se réfugia de nouveau au point le plus élevé de l'arbre, en poussant de petits rugissements accompagnés des grimaces les plus féroces. Nul doute que, si le noir venait à manquer d'habileté en lui lançant le filet, le jeune gorille ne lui fit sentir la puissance de ses dents.

L'acte final de cette amusante scène approchait, car l'assaillant n'était plus qu'à quelques brassées du sommet.

On ne voyait et on n'entendait plus le gorille.

Le noir ne montait plus qu'avec les plus grandes précautions, car l'extrémité de l'arbre de Guinée était si frêle, qu'elle commençait à se plier en demi-cercle sous son poids. Il n'y avait pas cependant d'accident à craindre, car la nature fibreuse du bois rendait toute cassure brusque impossible ; l'arbre pouvait plier, il ne romprait pas.

A cet instant suprême, la scène ne manquait pas d'émotion. Il pouvait arriver que le singe, acculé, se précipitât sur son adversaire qui ne pouvait employer qu'un bras à sa défense, et lui fit sentir la puissance déjà considérable de ses dents. Il n'y aurait rien eu d'étonnant alors à ce que, sous l'impression de la douleur, le noir n'abandonnât l'arbre et ne fut précipité de près de cent mètres de haut sur le sol. Fort heureusement que l'aventure ne prit pas ce côté dramatique. Au moment où l'agresseur lançait d'une main vigoureuse le filet sur la branche supérieure où s'était réfugié le gorille, nous aperçûmes ce dernier, avec la vitesse de la pensée, se glisser le long du tronc de l'elœis et s'arrêter à trois ou quatre mètres au-dessous du noir ; le filet n'emprisonna plus qu'un bouquet de feuillages.

Un éclat de rire général accueillit la manœuvre du singe et la déconvenue de son adversaire.

Il fallut au noir une grande demi-heure pour dégager son filet qui s'était accroché dans une foule de petites branches, et, pendant ce temps, Joseph continua à l'observer avec le plus imperturbable sans-froid. Lorsque le noir commença à descendre, le filet à la main, et prêt à en coiffer le singe si ce dernier tentait la même manœuvre dans le sens supérieur pour lui échapper. Le gorille l'imita, et se mit à descendre l'arbre à son tour.

— Nous le tenons, fis-je avec joie en faisant signe aux indigènes de s'avancer doucement du tronc de l'elœis.

— Pas encore, massa (maître), me répondit N'Otooué en secouant la tête d'un air mystérieux.

— Comment fera-t-il maintenant pour s'échapper?

— C'est sûrement un n'chaboun, un gorille possédé, me dit le Pabouin en baissant la voix.

— Tais-toi, lui répondis-je, en accompagnant ces paroles d'un geste impérieux.

Si les gens de Strombé s'étaient seulement douté de ce que venait de me dire le guide, ils eussent abandonné la partie à l'instant même, et nul doute que je n'eusse été obligé moi-même de quitter de suite le village pour éviter quelque accusation de sorcellerie.

Un blanc arrivant dans leur pays avec un gorille *possédé*, il n'en fallait pas davantage dans l'esprit des Oveugas pour attirer sur eux les plus terribles malheurs; et malgré la respectueuse crainte que j'inspirais à tous ces gens-là, ma propre sûreté exigeait impérieusement que rien ne vînt exciter leurs idées superstitieuses.

L'événement cependant donna raison aux prévisions de N'Otooué. Lorsque le gorille vit que nous entourions l'arbre et qu'il allait sûrement devenir notre prisonnier, il remonta avec vitesse le long du tronc de l'elœis, évita le côté où son adversaire était prêt à lui lancer de nouveau le filet, et lui passant sur le corps sans perdre son temps à chercher à le mordre, il regagna le bouquet de feuillage qui lui avait déjà donné asile.

Le noir se remit à sa poursuite avec furie, et la même scène à la montée et à la descente se renouvela dans les mêmes circonstances. Les deux adversaires ne pouvaient ainsi faire la navette toute la journée, et force fut d'abandonner ce genre de poursuite.

Le chef de Strombé me suggéra alors une idée, meilleure de toute assurément.

— Tu ne prendras jamais le n'gena de cette façon, me dit-il, et le jour surtout.

— Que ferais-tu à ma place? lui répondis-je.

— Il faut garder l'arbre jusqu'à la nuit, pour empêcher le gorille de s'enfuir; au coucher du soleil, tu tendras ton filet au pied de l'elœis, N'Otooué ou quelque autre de tes hommes se cachera en tenant la corde de la coulisse, sous un tas de feuillage, et le n'gena sera pris dès qu'il touchera le sol.

Ainsi, nous fîmes, car le conseil de Yengueza était le seul pratique en cette occurrence, et le soir même Joseph repris et mâté par une correction d'importance, était remis en cage.

— Cela n'empêche pas, me dit de nouveau N'Otooué qui tenait à son idée, mais cette fois quand nous fûmes seuls, c'est certainement l'esprit d'un trépassé qui s'est réfugié dans le corps de ce vilain petit monstre, et je suis certain, *massa,* que tu ne pourras pas l'apprivoiser.

Ce diable de guide devait avoir encore raison. Malgré tous mes soins, toutes mes prévenances, il me fut impossible d'influer en quoi que ce fût sur les mœurs sauvages de mon captif; la captivité semblait au contraire augmenter de jour en jour sa férocité. Il était arrivé à me connaître parfaitement; quand il avait faim même et qu'il me voyait passer, il m'appelait à l'aide de petits cris spéciaux qu'il semblait avoir inventés à mon usage, mais malheur à moi, si je me laissais aller jusqu'à m'approcher un peu trop de lui : il étendait rapidement le bras ou la jambe, et je laissais presque toujours en sa possession une partie de mon vêtement.

Je voyais très bien que ce n'était pas à ces objets inanimés qu'en voulait la méchante bête, et qu'il eût voulu mordre en pleine chair. Inutile d'affirmer, n'est-ce pas, que je m'employai de mon mieux à ne pas lui donner cette satisfaction.

Tous les jours, le roi et les habitants de Strombé me répétaient que je n'arriverais à aucun résultat, que pareille chose avait été tentée vingt fois par les indigènes, et que le jeune gorille était toujours mort dans le mois de sa captivité.

Le vingt et unième jour de sa capture, Joseph commença en effet à refuser toute nourriture; il se tapit dans un coin de sa cage, et l'œil morne et chagrin, il sembla ne plus regarder qu'avec indifférence ce qui se passait autour de lui.

Il parut bientôt en proie à une fièvre violente, car à chaque instant il se jetait sur sa calebasse pleine d'eau et la vidait jusqu'à la dernière goutte... Je pus le toucher alors, sans qu'il cherchât à me mordre; il me semblait même que de son œil demiéteint, il me regardait avec moins de férocité. J'eus comme un remords d'avoir enlevé le pauvre animal à la vie libre de la forêt ; je le retirai de sa cage et le couchai sur un lit de mousse et de feuilles, en plein soleil : il se laissa faire comme un enfant, sans chercher à fuir.

Il était au cinquième jour de sa maladie, lorsqu'il se mit à tousser péniblement ; de temps à autre, il était saisi par des accès de suffocation qui le laissaient sans forces et sans mouvements sur son lit de douleur. Le pauvre n'gena succombait aux attaques d'une phtisie galopante, causée par les privations et les souffrances de la captivité.

Les noirs me conseillaient de m'en débarrasser au plus vite en le tuant ; plusieurs m'offrirent de me rendre ce service, je refusai : ce pauvre petit gorille me donnait l'illusion d'un enfant. Malgré sa faiblesse, il avait conservé au plus haut degré l'instinct de la conservation. Au moindre mouvement que l'on faisait près de lui, son œil presque sans force s'illuminait tout à coup de fugitives lueurs ; il craignait, cela était évident, qu'on ne le frappât, et, chose étrange, il avait beaucoup plus peur des noirs que de moi.

Je l'entourai des soins les plus empressés et les plus tendres ; j'étais persuadé que, si je le sauvais, il ne recouvrerait plus avec moi sa férocité native... Mais tous mes efforts furent vains : il alla en dépérissant de jour en jour, d'heure en heure, et le neuvième jour de sa maladie, sur le soir, son agonie commença.

Jamais je n'oublierai l'impression pénible, douloureuse que cette fin excita en moi. Le pauvre gorille, la tête appuyée sur mes genoux, tremblant de froid malgré les quarante degrés de chaleur que nous avions, commença à faire entendre ces hoquets violents et saccadés qu'on appelle le râle des mourants... Je l'avais déjà entendu une fois dans une triste circonstance : un ami d'enfance était mort entre mes bras, et je ne l'avais plus oublié... Eh bien ! qu'on juge de mon émotion... le gorille meurt comme l'homme !

Il pouvait être onze heures du soir, quand, dans un suprême tressaillement, le pauvre Joseph rendit l'âme.

Je le déposai doucement sur son lit de feuillage, en ordonnant qu'on n'y touchât pas, et je me levai l'esprit tristement agité par cet événement. La solitude où je me trouvais, seul de ma race, la nuit, au milieu des grandes forêts de l'Afrique australe, contribua sans doute à donner à cet événement plus d'importance qu'il n'en avait en réalité ; mais j'avais habité l'Inde pendant de longues années, et ce pays de métempsycose et de croyances mystérieuses, où la vie de l'animal est respectée jusqu'à l'égal de celle de l'homme, avait toujours une grande influence sur mes idées aux heures de rêveries ; et ce soir-là, la mort du petit gorille me reportant malgré moi sur ce mystérieux terrain de l'origine des races, je me demandai si l'homme, incapable de créer un brin d'herbe, avait bien le droit de faucher la vie sous toutes ses formes autour de lui, plus souvent encore par caprice que par besoin, et si c'était bien son rôle ici-bas de rompre sans cesse quelques-unes des mailles de la chaîne universelle qui relie tous les êtres... toutes les sphères... tous les mondes.

Le lendemain je fis enterrer le pauvre n'gena aux pied d'un arbre, et, tout pensif, je fis mes préparatifs pour le départ... Et, malgré moi, songeant aux théories de certains anthropologistes modernes, je me demandai si je n'avais pas interrompu l'ascension d'un primate vers l'humanité... Au bout de quelques heures, je souris de mes idées... Mais n'importe, j'ai toujours conservé une impression singulière de la mort du jeune gorille... Cela ressemble trop à celle d'un enfant...

En dehors de toute question de sentiment, et pour revenir à une appréciation plus saine, plus scientifique, je dois dire que, d'après ma propre expérience et les unanimes récits de tous les noirs, je ne crois pas que le gorille puisse être domestiqué. Il y a, dans la nature de cet animal une telle sauvagerie et une telle férocité, que l'homme ne pourra jamais en avoir raison.

J'ai eu l'occasion de répéter l'expérience que je viens de citer sur un animal plus âgé, qui me fut procuré chez les Ashiras : le résultat fut absolument le même au point de vue de l'adoucissement du caractère, seulement l'aventure ne se termina pas par la mort du gorille ; l'animal rongea ses barreaux une belle nuit et prit tout simplement la fuite. Je ne sais pas ce qu'on obtiendrait d'un couple qu'on parviendrait à faire vivre en cage et à s'y reproduire. Peut-être arriverait-on à quelque résultat avec leur descendance, après plusieurs générations élevées dans la solitude ; mais, dans l'état actuel de la question, je considère le problème comme absolument résolu : le gorille pris jeune ne peut être apprivoisé ; quant à s'en emparer quand il est parvenu à l'âge adulte, cela est aussi impossible que de s'emparer d'un grand tigre royal du Bengal ou d'un lion de l'Atlas.

Et encore n'est-il pas permis de comparer ces animaux au terrible n'gena. Il est un fait incontestable, c'est que le lion, si commun en Afrique, est fort rare dans toutes les contrées que fréquente le gorille. Quelques voyageurs, du Chaillu entre autres, ont prétendu même que le lion avait complétement disparu des pays habités par le grand singe équatorial. Le fait n'est pas exact, et le pays des gorilles renferme quelques lions; mais ces derniers ne sont pas de taille à résister à ces terribles adversaires : ils fuient sous bois et se dérobent dès que la voix du grand singe fait retentir la forêt.

Cet animal est si féroce et d'une telle force qu'il ne cède à aucun autre, pas même à l'éléphant; ce dernier, il est vrai, a raison de lui, mais il reçoit de tels coups de griffes et de telles morsures que, d'après les dires des indigènes, il préfère l'éviter et ne pas se mesurer avec lui.

Dans l'ordre des primates, et même dans sa propre famille, celle des anthropoïdes, le gorille doit certainement occuper une place à part; c'est une race particulière de singes, dont nous ferions, si nous étions en autorité de changer la classification naturelle, une famille toute spéciale.

Nous ne faisons qu'émettre une idée qui nous paraît toute rationnelle, car nous n'avons pas la prétention, dans ces récits où nous mêlons la science au pittoresque et aux observations du voyageur, de modifier les théories plus ou moins arbitraires de l'école.

Nous en avons fini avec ce mystérieux gorille qui, à ne considérer que sa charpente anatomique, est bien l'être qui, dans la nature, se rapproche le plus de l'homme.

Il est certain que son domaine a dû être plus étendu autrefois; mais on ne le rencontre aujourd'hui qu'aux environs de l'équateur, deux degrés au-dessus, trois degrés au-dessous forment la limite extrême des lieux qu'il paraît maintenant exclusivement habiter.

Chez les Oscebas, les Pabouins, les Bakalais et les habitants de Loango, tous les vieillards m'ont affirmé que les gorilles étaient autrefois plus communs.

Souvent le soir, dans mes pérégrinations

chez les M'Pongoués, je mettais la conversation sur cet animal étrange qui, quoique l'on fasse, restera comme un point d'interrogation sur les limites du règne humain et du règne animal au point de vue de la forme et de la constitution physiques; et au milieu des choses légendaires dont ils émaillaient leurs récits, je les ai toujours trouvés tous d'accord sur cette question de la dépopulation du gorille dans les forêts de l'Afrique. D'après leurs dires unanimes, ils étaient obligés autrefois de défendre leurs récoltes contre ses agressions; il n'était pas rare de les voir rôder le soir autour des villages, venant s'emparer des régimes de bananes, jusqu'au seuil des habitations; tandis qu'aujourd'hui, quand on veut voir un gorille, il faut aller lui donner la chasse jusque dans les solitudes les plus profondes, où il aime à se cacher, et encore n'est-on pas toujours assuré du succès de ses tentatives : que de fois ne revient-on pas sans avoir découvert la moindre trace du grand singe.

Serait-ce une espèce qui s'en va? Les

gorilles ont-ils terminé leur évolution. Et dans quelques milliers d'années, nos descendants ne trouvant que leurs ossements à l'état fossile, seront-ils réduits à de mystérieuses conjectures sur ce squelette presque humain... qui est déjà pour nous un des plus étranges documents du passé.

Il est certain qu'un animal de cette force, de cette vitalité n'est pas de notre âge, ne fait pas partie du groupe d'êtres animés qui sont apparus dans les premiers temps de la période quaternaire. Il faut remonter aux époques tertiaires pour l'entrevoir, se promenant par grandes troupes au milieu des vastes forêts de l'Afrique et de l'Asie, contemporain du *dinothérium*, du *mégalosaurus*, dont la science n'a pu que reconstituer les formes, ainsi que du rhinocéros et de l'éléphant qui comme lui s'en vont, et comme lui ne sont plus que des épaves des âges primitifs de la terre.

L'espèce qui disparaît n'a plus de rôle à jouer dans l'ensemble, et ce n'est pas sans motif qu'elle quitte la scène du monde, bien que ces motifs soient et qu'ils seront à jamais impénétrables.

L'arrivée de l'homme peut-être… mais non, son action directe est liée à ces disparitions : il vient à son tour, à son heure le dernier ; la terre s'est modifiée dans le règne végétal pour le recevoir, le nourrir, elle s'est modifiée aussi dans son règne animal, elle s'est métamorphosée pour recevoir son dernier né, l'être le plus parfait qu'elle s'est épuisée à produire comme une synthèse de tous les autres.

Ce n'est point la poursuite, ce n'est point la chasse plus ou moins acharnée que leur fait l'homme qui fait disparaître ces grandes espèces. Le lion pullule en Afrique ; le tigre infeste par milliers les grandes forêts de l'Asie.

Les djengles de l'Inde fourmillent d'animaux féroces, tout aussi dangereux pour l'homme. Ce roi de la création ne peut même pas se défaire des serpents ; que dis-je des serpents, un simple scorpion défie sa puissance : il en tue un, mille renaissent.

Rhinocéros, éléphants, gorilles, il faut bien l'admettre, s'en vont par des causes indépendantes de la volonté humaine. Ce sont des acteurs qui, leur rôle fini, s'en vont se coucher dans la poussière qui a déjà recouvert les os de leurs ancêtres ; peut-être servent-ils à préparer ce mystérieux engrais, cette source inconnue, d'où la nature en se transformant d'âge en âge tire les espèces nouvelles qui apparaissent aux nouvelles périodes.

Mystère de science et de rêveries qui frappe le philosophe, le rêveur aussi bien que le savant... Mystère qui se montre partout et dont la solution n'est nulle part.

Tout se transforme, tout se modifie sans cesse sur ce globe ; la vie c'est le mouvement universel ; la mort n'est qu'un agent de transformation, et quand nous assistons au départ des grandes espèces d'animaux, comme l'éléphant, le rhinocéros, le gorille, nous ne pouvons que constater cette lente disparition indépendante de notre volonté, de notre action.

N'est-ce pas du reste le rôle éternel de l'homme sur la terre, de constater partout et de ne trouver la clef nulle part.

On ne peut parler du gorille sans dire quelques mots du chimpanzé, qui est le grand singe caractéristique du bassin du Niger et du golfe de Guinée.

Ces deux grands singes semblent se fuir l'un l'autre ; là où l'on rencontre beaucoup de gorilles il n'y a pas de chimpanzé, et réciproquement on ne rencontre pas de gorille dans les lieux où le chimpanzé abonde. Quelques-uns de ces derniers cependant ont été vus au Gabon, mais ces cas sont excessivement rares ; car il ne paraît pas que le gorille supporte facilement le chimpanzé dans les lieux qu'il fréquente, et ce dernier n'est pas de force à se mesurer avec son terrible adversaire.

Dans notre marche sur Hodé-Yebou nous n'avons rencontré le gorille que dans les épaisses forêts qui s'étendent en deçà des monts Kong ; au delà commence le domaine exclusif du chimpanzé.

Ce singe, vulgairement appelé *homme des bois*, atteint la taille moyenne de l'homme adulte, de 1^m,60 à 1^m,80. Il a la face nue, le museau court, le front arrondi, la partie externe de l'oreille très grande, mais de forme humaine. Ses mains sont garnies d'ongles plats, sont nez est camus, ses yeux petits, il ne possède, ni queue ni abajoues, et n'a que fort peu de callosités fessières, ce qui est un signe certain de l'élévation de la race.

Il grimpe aux arbres avec beaucoup plus de facilité que le gorille et se tient droit comme lui, mais il ne peut marcher dans cette position ; dès qu'il veut avancer, il saute ou est obligé de s'appuyer sur ses membres inférieurs, tandis que le grand singe appelé Inoki par les Yebous, qui dans une course rapide s'aide également de ses quatre pattes, au repos se tient debout ou assis, dans la marche ordinaire s'avance comme l'homme, et dans le combat, soit qu'il attaque, soit qu'il se défende.

Quoique d'un naturel assez sauvage, surtout quand il a atteint tout son développement, le chimpanzé s'apprivoise très facilement, et c'est par là qu'il rachète son infériorité anatomique en présence du gorille. Il est aussi intelligent, aussi doux, aussi sociable dès qu'il est domestiqué, que ce dernier est au contraire stupide et féroce.

Ce qui fait que si l'un se rapproche plus de la conformation humaine par la forme physique, l'autre, au contraire, se rapproche davantage de l'homme par la vivacité de son intelligence et la douceur de ses mœurs.

Cet animal à l'état libre est excessivement industrieux; il sait se construire, à des hauteurs de 8 à 10 mètres du sol, sur de grands arbres, des abris solides où il se loge avec les siens; il ne construit jamais à terre comme le gorille, car alors que ce dernier vit surtout sur le sol et ne grimpe presque jamais aux branches sans nécessité, le chimpanzé, au contraire, affectionne le séjour dans les arbres touffus où il se livre, quand on ne le voit pas, à des exercices de gymnastique à faire le désespoir des plus habiles acrobates.

Pendant tout le cours de notre voyage dans le Yebou, et principalement sur les versants nord-est des monts Kong, nous les avons toujours vus soit suspendus aux branches supérieures des baobabs, soit les pieds croisés autour du tronc d'un palmier de Guinée et nous regardant passer avec un étonnement mêlé d'inquiétude.

Au moindre de nos mouvements ils fuyaient avec rapidité faisant de branches en branches des sauts vertigineux, et ils finissaient par se réfugier dans leur abri, où ils se tenaient invisibles et cachés sans que rien ne put parvenir à les en faire sortir.

Ces constructions, élevées la plupart du temps au confluent de deux branches maîtresses, se composent de tiges de bambous et de branchages entrelacés et maintenus, dans la position que le chimpanzé leur donne sur l'arbre, par des lianes qu'il sait entortiller et tresser avec beaucoup d'art.

Une particularité remarquable, que j'ai eu occasion de relever souvent, c'est que l'arbre choisi, quel qu'il fût comme essence, était toujours un peu éloigné des autres dans la forêt de façon qu'aucun animal ne pût pénétrer dans l'espèce de château fort que le singe y avait construit en s'aidant des branches des arbres voisins.

L'ascension ne peut donc se faire que par l'arbre même qui supporte la petite cabane. Aussi ne sais-je rien de curieux comme le spectacle d'une famille de chimpanzés surprise dans la forêt à quelques pas de son gîte et le regagnant en toute hâte.

La mère monte d'abord, un ou deux nourrissons suspendus à son cou; s'il y a un jeune enfant d'un ou deux ans dans la famille, il suit lentement en poussant de petits cris; parfois arrivé au milieu de l'arbre il pousse des appels de détresse; il va tomber, car ses forces le trahissent; la mère alors se laisse glisser de quelques pieds, allonge un de ses grands bras au-dessous d'elle, ramène le petit sur une de ses épaules où il s'accroche en désespéré, et elle continue son ascension avec son multiple et précieux fardeau.

Pendant ce temps-là, le mâle resté au pied de l'arbre pour défendre les siens au besoin, regarde les arrivants en grinçant des dents d'une façon qu'il veut rendre terrible et qui n'est que comique.

Dès que sa compagne est en sûreté il s'élance à son tour, et en quelques enjambées il a tôt fait de la rejoindre. Ne croyez pas cependant qu'il va se tenir longtemps tranquille dans son blockhaus de feuillage ; cachez-vous, ne faites pas de bruit et vous assisterez bientôt au plus charmant de tous les spectacles.

N'entendant plus rien, le mâle ne tarde pas à montrer au dehors son visage étonné ; il sonde d'un œil inquisiteur les massifs d'alentour, plus rien... les ennemis sont partis ! c'est à peine si une brise légère agite doucement les feuilles des palmiers. Les petits écureuils gris sautent de branches en branches, et les grands aras blancs sillonnent la voûte verte de leur vol silencieux et pesant... Le danger est passé, c'est le moment de se livrer à la joie.

Le chimpanzé paraît alors à l'ouverture de sa demeure aérienne : il pousse de petits cris joyeux comme pour inviter sa famille à le suivre, puis avec l'élégance d'un gymnasiarque et une force musculaire peu commune, il saisit le premier bout de branche venu, s'enroule pour ainsi dire autour en se suspendant d'une seule main, se relève par un mouvement de trapèze, d'un seul bond franchit sa cabane et s'élance au plus haut de l'arbre où sa femelle ne tarde pas à le rejoindre avec celui des petits chimpanzés qui commence à prendre des forces; le nourrisson est resté sur le lit de mousse qui tapisse l'intérieur de l'habitation patrimoniale.

Alors le mâle, la femelle, le petit se livrent à une partie de sauts, de gambades, de cris joyeux qui pendant longtemps vont troubler d'une façon étrange et charmante le silence de la forêt.

Il n'est pas sans intérêt de dire comment le chimpanzé s'y prend pour se construire un abri.

Les matériaux qu'il emploie se composent de branches de divers arbres encore garnis de leur feuillage et de lianes qui servent, ainsi que je l'ai déjà dit, à rattacher le tout au tronc de l'arbre qui doit supporter la petite case.

Le toit qui recouvre le tout est de forme hémisphérique comme celui des habitations d'une foule de forêts africaines, et la première fois qu'il me fut donné d'apercevoir une de ces huttes singulières suspendues à six ou sept mètres au-dessus du sol, je la pris pour le *retiro* de quelque chasseur fantaisiste qui l'aurait ainsi élevé au-dessus du sol pour pouvoir passer la nuit à l'abri des attaques des fauves.

Quand le chimpanzé est parvenu à réunir au pied de l'arbre qu'il a choisi une quantité suffisante de branches de liane, il grimpe sur l'*elœis* ou tout autre palmier qui doit supporter sa case, avec un paquet de lianes, qu'il retient d'une main; arrivé à la hauteur qui lui convient, il se met à faire autour du tronc de l'arbre comme une sorte de bourrelet de lianes épineuses;

de temps à autre, il pousse un petit cri, et sa femelle, restée en bas, gravit l'arbre à son tour et porte une branche d'arbre à l'ouvrier, qui la reçoit et l'encastre dans le paquet de lianes qu'il a préparé.

La même manœuvre se continue jusqu'à ce que le dernier chevron de la charpente soit ainsi placé.

Comme l'animal n'emploie que des lianes vertes, il s'ensuit que ces cordages naturels se resserrent en se desséchant, et que le tout devient d'une solidité à toute épreuve.

Il en est de même pour les branches de construction; elles sont cueillies et employées toutes fraîches, et quand le singe les a placées dans l'axe voulu et qu'il leur a donné la solidité nécessaire, il tresse dans un ordre parfait et avec l'habileté d'un vannier, toutes les petites tiges dont sont garnies les branches maîtresses, entremêlant de ci de là de jeunes plants de bambou, pour donner à l'ensemble plus de consistance.

Le toit en est si artistement confectionné qu'il est à l'épreuve de la pluie.

Le chimpanzé ne se contente pas de se construire une seule de ces cases. Chaque couple en possède quatre ou cinq, souvent plus, placées souvent à une grande distance les unes des autres, dans les lieux où abondent les productions naturelles qui servent à la nourriture de ces animaux.

C'est à cette circonstance qu'il faut attribuer l'erreur de certains voyageurs qui, comme du Chaillu, ont prétendu que le chimpanzé noir ou chimpanzé constructeur, que l'on rencontre dans la Nigritie, la Guinée, le Gabon, n'habitait pas la même case aérienne que sa femelle. Le fait n'est vrai que pendant les premiers mois de l'allaitement du petit.

Je suis obligé de dire aussi que c'est bien à tort que le voyageur que je viens de citer s'attribue la découverte de cet animal (*troglodytes niger*). Le chimpanzé noir, dit le constructeur, était connu et décrit depuis plus d'un siècle quand il l'a de nouveau rencontré dans les forêts de l'Ogooné.

Il a beau l'appeler de son nom indigène *n'shiego-m'bouvé* et non *msiego-mbouvé*, comme il écrit, cela n'empêche pas ce singe d'être un pur chimpanzé parfaitement classé depuis longtemps. Il faut autre chose qu'un nom indigène estropié pour créer une espèce nouvelle, quand bien même on l'appellerait *troglodytes calvus* au lieu de *troglodytes niger*.

Il y a des chimpanzés qui ne construisent pas, et cependant rien ne les différencie de leurs autres congénères au point de vue anatomique, et il est à remarquer qu'on ne les rencontre que dans le *mafoua* africain, vastes plaines garnies de bambous, de palmiers nains et d'arbrisseaux qui ressemblent assez aux djengles de l'Inde, et où on ne trouverait pas un seul arbre assez fort pour supporter la case du chimpanzé, si légère qu'elle soit.

Nous serions donc en présence de singes qui auraient perdu l'habitude de se construire des abris de feuillage, uniquement parce qu'ils se sont trouvés dans des contrées peu favorables au développement de cette faculté. Une autre opinion pourrait difficilement prévaloir lorsqu'on voit le même animal, dès qu'on le rencontre dans les forêts du Benin, de la Nigritie ou du Gabon, se réfugier sur des arbres et s'y construire des abris.

Notre climat est peu favorable au chimpanzé, et nos ménageries et jardins d'acclimatation n'en conservent que fort difficilement; ils finissent tous par succomber à des maladies de poitrine.

Très intelligents et susceptibles d'une grande culture étant jeunes, ils semblent, en vieillissant, perdre peu à peu ces qualités; car ils deviennent alors insociables et méchants, au point qu'on est souvent obligé de s'en défaire.

J'en ai vu un chez un traitant du Formose, M. Silberman, dont l'éducation ne laissait absolument rien à désirer.

Bien que ces faits ne soient pas à leur date, je les relate ici, puisqu'ils se rapportent au singe dont je parle.

A la suite de ce meurtrier voyage au Niger, où le capitaine Adams et moi nous laissâmes les deux tiers de nos compagnons, je me reposai près de deux mois chez ce négociant, de nationalité suisse, établi à la côte d'Afrique depuis de longues années.

C'est là que je fis la connaissance de master Jack, chimpanzé de la plus belle venue. Sa taille dépassait un mètre soixante-cinq centimètres; son pelage noir, entremêlé de quelques poils blancs sur la poitrine, était soyeux et bien fourni; son visage, nu et poli, paraissait toujours être rasé de frais; le beau collier de poils qui lui encadrait la face lui donnait un faux air de charpentier américain, et au lieu de se développer en museau, le bas de son visage s'aplatissait à donner l'illusion d'une face humaine. Bien que le chimpanzé n'ait pas d'ordinaire la station droite très facile, Jack avait conquis cette façon de se tenir et de marcher, grâce au noir qui l'avait élevé, et qui, à l'aide d'un bâton à triple branche attaché à son collier, l'avait forcé à se tenir debout. Les anneaux de la colonne vertébrale s'étaient développés dans cette direction, à ce point qu'au bout de quelques années, l'animal préférait la position verticale à celle généralement adoptée par ses congénères. Ses oreilles étaient grandes, mais parfaitement bordées; son front large et bombé dénotait une rare perspicacité; enfin, ses mains, presque de forme humaine, ne possédaient pas de griffes, mais bien des ongles véritables, que Cayor entretenait avec le plus grand soin.

Cayor était un beau noir sénégalais, né dans le pays même dont il portait le nom. Son maître lui avait donné ce sobriquet comme plus facile à prononcer que le nom donné par son père.

C'est lui qui avait pris Jack tout petit dans son nid de feuillage, et l'avait dressé avec un art et une patience infinis.

Comme tout chimpanzé bien élevé, master Jack avait été habitué à de nombreux soins domestiques, dont il s'acquittait parfaitement. Il servait à table comme un maître d'hôtel, desservait à chaque service, sans trop casser de vaisselle; sur un signe vous donnait de l'eau ou du vin, remportait à la cuisine les plats vides et accomplissait tout cela avec une évidente bonne humeur et force grimaces des plus amusantes; beaucoup de serviteurs noirs, lourds et paresseux, eussent dû imiter son adresse et sa vivacité.

Mais il était une charge qu'il ne fallait pas lui confier, c'était celle d'apporter les fruits du dessert; l'éducation de l'homme et la vie civilisée avaient plutôt augmenté que diminué sa gourmandise naturelle, et c'est en croquant les plus beaux spécimens de la corbeille qu'il apportait les ananas, goyaves, bananes et mangues destinés à la table du maître. Quelquefois même, quand on ne faisait pas attention à lui, il s'enfuyait avec la collection de fruits tout entière, allait cacher le tout dans la petite hutte de bambou qu'on lui avait fait construire dans la cour et retournait paisiblement de temps à autre grignoter le produit de son larcin.

Cela n'était pas toujours très amusant, car le brigand ne se contentait pas de s'attaquer aux fruits du pays, que l'on pouvait aisément remplacer. Un jour il vola un magnifique panier de pommes et de poires que M. Silberman venait de recevoir de France, et qui devaient faire l'ornement d'un dîner de cérémonie. On ne s'en aperçut que le lendemain; on courut à la hutte du singe, mais on n'y trouva que la preuve de sa friponnerie, le panier était vide.

Je fus moi-même victime de la gourmandise du chimpanzé, et d'une façon qui indique un tel développement intellectuel chez cet anthropomorphe, que je ne puis résister au désir de conter l'aventure.

Pendant mon séjour chez l'hôte aimable à l'hospitalité duquel j'ai certainement dû le retour de ma santé après les souffrances que j'avais endurées dans le Benin et le Yarriba, j'avais l'habitude de prendre tous les matins, au point du jour, une tasse de café noir très fort avec un sandwich de pain grillé, puis, fatigué par la chaleur étouffante de la nuit, je m'endormais paisiblement une heure ou deux, bercé par le ramage matinal des petites perruches à collet rose qui se poursuivaient dans le feuillage des multipliants gigantesques, dont les branches s'étendaient jusqu'aux vérandahs de notre demeure.

J'entendais vaguement la fidèle Zennah, qui ne m'avait pas quitté un seul instant depuis le départ du Benin jusqu'au retour, monter dans ma chambre et se retirer sans bruit, après avoir déposé sur une petite table la liqueur parfumée de Moka ou de Porto-Rico, et j'étais obligé de faire un effort pour dissiper la somnolence qui commençait à m'envahir, grâce à la fraîcheur relative du matin, pour pouvoir prendre cette légère collation.

J'avais fini par étendre machinalement la main, saisir la petite coupe de porcelaine, en avaler le contenu, et reprendre mon sommeil interrompu sans avoir presque conscience de mon acte.

Quand je ne mangeais pas mon sandwich au beurre, ce qui m'arrivait souvent, j'en faisais cadeau, en me levant, au chimpanzé qui en était fort friand.

Un matin, j'eus beau me livrer à ma manœuvre habituelle, je ne rencontrai rien sous la main; et cependant, mes sens ne m'avaient pas trompé. J'avais parfaitement entendu quand Zennah, qui couchait dans ma chambre, sur une natte, s'était levée; je l'avais entrevue quand elle était revenue dans ma chambre apportant le déjeuner habituel.

Qu'était devenue ma tasse de café? Je ne m'en préoccupai pas plus que de raison, car ne faisant ce repas matinal que sur ordonnance de médecin, je n'y tenais, il faut le dire, que médiocrement.

Dans la journée, j'oubliai d'en parler à Zennah, comme d'une chose de minime importance.

La même scène se renouvela le lendemain matin, et dans les mêmes circonstances. Zennah s'était levée à l'heure habituelle; quelques minutes après, elle rentrait dans ma chambre avec la tasse de café, la déposait près de mon lit, en me disant, dans son doux langage :

— *Saïd manik kalak nina tounyouny* (Que Dieu te donne de longs jours, maître).

— *Asbathou* (Merci), répondis-je.

— *Assey djenn-is toullei kaola ?* (T'es-tu réveillé en bonne santé?), continua la belle fille.

— *Y-toullei* (Oui, en bonne santé), lui dis-je en souriant.

La charmante Zennah se retira lentement et comme à regret... car il m'arrivait souvent de la retenir d'un geste. D'un bond, elle s'accroupissait au pied de mon lit, et pendant de longues heures, elle m'amusait par ses récits naïfs, me narrant toutes les aventures de son enfance, implorant de temps à autre un regard, une caresse, comme un jeune chien fidèle.

Je n'eus pas l'air de remarquer la douce excitation de son regard; la scène de la veille venait de me revenir à la mémoire, et je voulais savoir si elle allait se renouveler. Zennah sortit en me faisant le gracieux salut des femmes du Darfour, qui consiste à appuyer d'abord la main sur le cœur, puis sur les yeux, ensuite sur le front, et à terminer par l'envoi d'un baiser du bout des doigts.

Je ne fermai qu'à demi les yeux, surveillant ce qui allait se passer. Pendant près de dix minutes, je n'entendis rien, je ne vis rien, et quand je me soulevai sur mon lit pour regarder... comme la veille le café avait disparu.

Je soupçonnai le négrillon Charly, qui était resté avec nous, et qui tous les matins montait l'eau de la toilette, et je résolus de le surprendre pour lui donner une leçon de savoir-vivre.

Le jour suivant, Zennah accomplit son service habituel et se retira; je restai au lit, la tête légèrement tournée vers la muraille, pour laisser croire au ravisseur que je m'étais de nouveau endormi, mais l'oreille tendue, et prêt à me lever au moindre bruit; au bout de cinq minutes, n'entendant absolument rien, je me hasardai à regarder la petite table en bambou sur laquelle on déposait mon déjeuner; quel ne fut pas mon étonnement? elle était nette et vide.

Et je n'avais rien entendu.

C'était à croire à la magie.

J'appelai Zennah :

— Où est Charly? lui dis-je.

— Je viens de le voir à la cuisine, *saïd* (seigneur, maître).

— Ne l'as-tu pas vu monter dans les appartements après toi?

— Zennah n'a pas vu cela.

— Comment faire pour le savoir?

— Zennah va demander à Charly.

— Garde-t'en bien; il est menteur comme un négrillon, c'est le cas de le dire, et il te ferait quelque histoire.

— Est-ce que Charly a volé quelque chose à saïd?

— Regarde, fis-je, en lui montrant la table en rotin.

— Zennah ne comprends pas.

— Comment, tu ne vois pas que mon café n'est plus là?

— Oui, saïd, il n'est plus là.

— Hé bien, fis-je avec une nuance d'impatience, il ne s'est pas envolé tout seul; je me suis levé cinq minutes après ton départ et il avait déjà disparu.

— Saïd n'a pas pris son café ce matin?

— Ni ce matin, ni hier, et c'est comme cela depuis trois jours.

Les yeux grands ouverts, la bouche béante, Zennah restait immobile devant moi comme un terme.

— Voyons, lui dis-je, il n'y a que Charly dans la maison qui soit capable d'un pareil tour.

La jeune soudanienne, revenue peu à peu de son étonnement, se mit à secouer la tête d'un air mystérieux.

— Ce n'est pas Charly, dit-elle, qui a volé le café.

— Qu'est-ce qui te fait prendre sa défense?

— Charly est parti ce matin à quatre heures avec le cuisinier Krouman; je viens de le voir arriver, et quand saïd m'a appelé il n'avait pas encore quitté son panier.

La raison était péremptoire, mais qui donc pouvait se moquer de moi ainsi?

— Saïd ne devine pas qui lui a escamoté son café?

— Non, et je donnerai bien deux doubles piastres pour frotter l'échine au voleur avec mon rotin.

— Hé bien, ce sont les mafoues.

En prononçant ces paroles, la jeune fille avait baissé la voix et roulait de gros yeux comme si elle m'eût fait la plus terrible des confidences.

— Qu'est-ce que c'est que ces gens-là?

— Ce ne sont pas des gens, saïd.

— En finiras-tu avec tes airs mystérieux.

— Ce sont les mauvais génies du Niger, qui, furieux de n'avoir pas pu faire mourir le blanc, viennent maintenant lui jouer des tours de leur façon.

Je ne pus retenir un éclat de rire.

— Ma chère Zennah, lui répondis-je, si je ne suis pas mort dans les marais de la Nigritie, c'est grâce à ton dévouement et à ma forte constitution; quant à tes mafoues...

— Ne dis pas de mal d'eux, saïd.

La pauvre Zennah venait de prononcer ces paroles avec une émotion si vraie, un effroi si peu joué que je ne jugeai pas utile pour le moment de combattre ses superstitions, et je résolus de ne m'en remettre qu'à moi seul du soin de surprendre l'audacieux qui venait ainsi depuis quelques jours me priver de ma collation habituelle.

Le soir, à dîner, je contai la chose, et je vis mon hôte sourire comme s'il eût su à quoi s'en tenir sur l'auteur de ma mystification.

— Avez-vous la clef de cette singulière aventure? lui dis-je.

— A peu près, me répondit-il.

— Vous connaissez l'habile fripon qui m'enlève ainsi sandwich et café, sans que le moindre bruit ne vienne trahir son larcin.

— Comment, vous n'avez pas deviné? fit M. Silberman en riant de plus belle, et c'est Jack, parbleu.

— Votre chimpanzé?

— Lui-même.

— J'aurai dû m'en douter.

— Il n'y a que lui qui soit capable d'entrer dans votre chambre, de s'approcher de votre lit, et d'accomplir sa méchante action sans que le moindre bruit ne puisse déceler sa présence; pas un des serviteurs de l'habitation n'oserait et surtout ne pourrait exécuter un pareil tour d'adresse.

— Évidemment, répondis-je à mon hôte, vous avez raison, mais je veux en avoir le cœur net.

— Cela vous sera bien facile : vous n'avez qu'à ne pas perdre de vue la tasse que Zennah vous portera demain matin.

Je me promis bien de suivre le conseil et de prendre Jack la main dans le sac.

A son heure, Zennah entra, me servit et s'esquiva, ainsi que nous en étions convenus. Les yeux demi-clos, je ne perdis pas de vue la tasse que ma fidèle négresse venait de déposer près de mon lit.

Je n'attendis pas longtemps, mais l'étrange spectacle qui s'offrit à mes yeux me fit croire pendant quelques instants que j'étais le jouet d'un songe, et pendant une ou deux secondes les mafoues de Zennah et leur noire malice me traversèrent le cerveau. La petite tasse et sa soucoupe s'avançaient insensiblement du centre de la table vers une des extrémités sans que rien d'apparent ne vînt indiquer la cause d'un pareil mouvement.

Je me levai brusquement sur mon séant et le mystère me fut à l'instant dévoilé. Accroupi derrière la table, qui le cachait à mes yeux, master Jack, qui avait dû entrer à quatre pattes dans ma chambre pour ne pas se laisser apercevoir, la main cachée par la tasse elle-même, d'un doigt recourbé, appuyé sur la soucoupe, faisait glisser le tout vers lui avec une grimace de satisfaction gourmande que rien ne saurait dépeindre.

Il était tellement occupé qu'il ne s'aperçut pas tout d'abord du mouvement que j'avais fait; mais je ne pus retenir une exclamation de plaisir, tant j'étais satisfait d'avoir saisi le gaillard au milieu de sa manœuvre.

— Ah! c'est bien toi, gredin, fis-je en lui parlant comme à un homme et lui montrant le poing.

En se voyant surpris, le chimpanzé d'un bond s'élança vers la porte; mais Zennah avait prévenu le Krouman de ce qui se passait, et tous deux étaient venus sous la véranda pour observer. Le cuisinier, nègre d'une force athlétique, lui barra le passage; alors, avec une vitesse extraordinaire et une force incomparable, le singe sauta sur le rebord d'une croisée, éternellement ouverte sous ces latitudes, et, s'aidant d'une corniche en saillie, il s'élança sur la terrasse de la maison et de là dans les branches d'un banian séculaire, qui se trouvait à quelques mètres de l'habitation.

Réfugié dans cette forteresse improvisée, il se mit à nous adresser une série de grimaces et à pousser les cris les plus drôles de son répertoire.

Mais ce fut bien autre chose quand le Krouman se mit à lui montrer, en ayant l'air de l'en menacer, un énorme rotin. Il entra dans une fureur sans égale, et, brisant toutes les branches qui se trouvaient à sa portée, il se mit à les lui lancer d'un air comique de défi; en un instant, la terrasse sur laquelle nous nous étions rendus en fut couverte. Jack ne s'apaisa qu'à la voix de son maître, et ne descendit de son arbre qu'à l'appel de son ami Cayor.

Je pris la tasse de café et les tartines de pain beurrées, objet du litige, et je les lui donnai; il me regarda avec un certain étonnement et finit par accepter sans façon. Nous fûmes depuis les meilleurs amis du monde.

Pendant toute cette scène amusante, comme en toutes circonstances où je pus l'examiner quand il se laissait aller à son instinct, je puis dire que ce qui m'étonna le plus fut de voir avec quelle vive intelligence il associait ses idées, prenait un parti, toujours le meilleur, et savait déployer des ressources infinies pour arriver à ses fins. Ce que son cerveau contenait de ruses et de finesses est inimaginable.

Ainsi on aura peut-être peine à croire ce que je vais avancer, et cependant j'affirme avoir vu vingt fois le fait suivant : M. Silberman avait un de ces énormes molosses dont la race ne s'est conservée qu'à Londres, et qu'un de ces correspondants lui avait expédié.

C'était une véritable curiosité, sous ces latitudes où les chiens d'Europe vivent peu d'ordinaire, en raison de la chaleur et surtout des détritus organiques qu'ils rencontrent à chaque pas et dont ils font leur pâture; celui-là avait résisté, grâce à la précaution qu'on avait eu de ne jamais le laisser sortir seul du vaste enclos qui attenait à l'habitation, et de ne jamais lui donner d'os.

Jack, qui n'était point facile cependant dans ses relations avec les autres animaux, avait pris ce chien en amitié, et comme il avait remarqué le goût de son compagnon pour la nourriture qui lui était défendue, il volait tous les os qu'il pouvait à la cuisine pour les lui porter.

Le molosse de son côté, par reconnaissance, passait des journées à servir d'oreiller au singe, car ce dernier n'avait pas de plus grand bonheur que de reposer étendu sur une natte et la tête sur le dos de son gros ami.

La nouvelle aventure de Jack défraya les propos de table du soir, car le dîner dans les contrées équatoriales est à peu près le seul moment que l'on puisse consacrer à la causerie. Sans doute il ne fait pas moins chaud que dans le jour, souvent même la température est plus accablante, mais les magasins sont fermés, les affaires sont terminées, et les dames, pâles roses d'Europe, transplantées sur le sol brûlant de la côte d'Afrique, ont daigné quitter leurs chambres rafraîchies par l'air factice des pankahs et faire un brin de toilette pour honorer la table familiale.

D'abord la fatigue est extrême : on goûte aux mets du bout des lèvres, chaque parole est un effort, la chaleur des bougies augmente encore la lourdeur de l'atmosphère qui nous environne; mais aux premiers verres de bourgogne les langues commencent à se délier, les pâles jeunes mères voient un peu de vermillon leur monter aux joues, et quand arrive le champagne frappé, ce compagnon obligé de tous les repas du soir dans les comptoirs africains, on ne songe plus au climat, aux souffrances de la journée, à la température énervante que l'on va retrouver une fois l'excitation passée, et l'on cause par plaisir de faire échange de pensée avec un de ses semblables... et comme on se lie facilement, comme les amitiés vont vite.

Ah ! les belles soirées que ces soirées coloniales ! Ma parole, je ne sais ce qui me retient quand je rassemble ces souvenirs, quand j'écris sur ce passé pour en revivre quelques instants, non, je ne sais ce qui me retient de courir de nouveau dans le monde, à la recherche de ces émotions toujours jeunes, toujours nouvelles qui ont le mérite de l'imprévu, ce grand charmeur que rien ne remplace dans la vie, car rien n'est beau, aimable, frais et charmant comme ce qu'on n'attend pas... Qui n'a dans sa vie quelque souvenir improvisé, chaste, amour, ou repas, qu'il ne donnerait pas pour un demi-quart d'empire, en Chine ou ailleurs... Celui-là me comprends, et celui-là c'est tout le monde, car nul n'a été assez déshérité pour n'avoir pas eu de ces joies...

Donc ce jour-là master Jack eut les honneurs de la soirée; ce fut dans la famille de mon hôte à qui ferait valoir son esprit et sa rare intelligence; on nous conta tous ses tours par le menu; il y en avait d'extraordinaires, et dans tous je trouvai quelque chose de *personnel* qui montrait bien que cet animal ne se bornait pas à imiter ce qu'il avait pu voir, mais imaginait, concevait et exécutait pour son propre compte.

L'illustre Cuvier s'est trompé quand il a placé le chien au-dessus du chimpanzé comme intelligence. De son temps, du reste, cet animal était mal connu et mal étudié, et le grand naturaliste ne s'était pas dégagé suffisamment des anciens errements de la philosophie cartésienne pour donner aux animaux leur véritable place dans la nature; il a reconstruit certains anneaux de la chaîne du passé par des efforts de génie qu'on ne saurait méconnaître ; mais il n'était pas de cette époque où Claude Bernard a pu dire aux analystes qui s'attardaient dans les êtres doués de mouvement :

« Avant de faire la psychologie de l'homme et des animaux, tentez donc celle de la plante. »

Parole immense qui indique que l'immortel savant admettait l'unité du principe de vie sur la terre avec des agrégats plus perfectionnés chez les uns que chez les autres, en vertu d'une loi progressive dont la clef n'existe pas sur notre sphère.

Mais avec ce grand principe de la vie universelle une pour tous, pour la fleur comme pour l'insecte, pour l'éléphant comme pour l'homme, fluide impondérable qui s'échappe du même foyer et qui, comme la lumière passant par une lentille, concentre plus de rayons, plus de force, plus de vie sur les êtres parvenus à un degré supérieur de perfectionnement, on arrive à ne plus considérer les animaux comme des manifestations d'un principe vital inférieur, mais comme des êtres d'une moindre concentration fluidique, et comme le moteur est le même, avec de simples différences de forces psychiques, on supprime le mot d'instinct qui ne signifie rien, et on le remplace par celui d'intelligence qui, à lui seul, est toute une révolution scientifique.

Oui, l'intelligence des animaux! Oui, l'acte vital raisonné dans ses manifestations spéciales à chaque être, selon ses besoins; oui, le ciron, la fourmi, le chimpanzé, l'éléphant, l'homme pensant, se souvenant, agissant, comparant, jugeant avec des degrés différents de force et de projection suivant son élévation sur l'échelle des êtres, voilà la vérité scientifique, voilà la grande conquête du siècle; plus d'être à part, plus de chair, plus de sang, plus d'os, plus perfectionnés les uns que les autres, ou mieux, de matière différente, rien que l'hydrogène, de l'oxygène, de l'azote, du carbone, du fer, du phosphore, de la chaux, etc....., et tout cela dans des combinaisons différentes chez les uns que chez les autres, produisant plus ou moins de force musculaire, plus ou moins de force psychique chez les uns que chez les autres, et c'est tout !.....

Et en cela, la science ne détruit pas le ψυχη, l'âme, le principe de vie, mais elle le voit *en tout, partout* et *dans tous.*

Comme on étudie, comme on interroge alors différemment les animaux ? Et ce n'est qu'à la lumière de ces principes seuls qu'on arrive à établir leur véritable classification intellectuelle.

Instinct suffisait à tout, surtout à la paresse de l'étude ; *intelligence* oblige à la vérité, il faut tenir compte d'un être qui pense.

Non, le chien domestiqué par l'homme, arraché par de longs et persévérants efforts à ses forêts, le chien que rien ne différentie du loup au point de vue anatomique, ne peut disputer la palme de l'intelligence au chimpanzé ; combien de générations, combien de portées nées dans l'esclavage a-t-il fallu pour assouplir ses mœurs? Tandis que ce troglodyte, *cet homme des bois* comme l'appelle le peuple, n'a pas besoin d'être assoupli, domestiqué par plusieurs générations d'ancêtres ; prenez-le au fond des forêts, dès qu'il touche à l'homme, il se civilise, il s'adoucit, et non seulement devient susceptible d'éducation plastique, accomplit des travaux qu'on ne croyait accessible qu'à la race la plus noble, mais encore se développe sous le rapport intellectuel au point de se souvenir au bout de plusieurs années, et de reconnaître des amis ou ennemis qu'il n'aura vus qu'en passant, et de leur témoigner haine ou affection avec une rectitude de mémoire qu'on ne trouve jamais en défaut.

Il est difficile de bien connaître le chimpanzé en Europe. La pauvre bête s'étiole sous nos latitudes ; quelques mois après son arrivée, elle commence à lutter contre la phtisie, le mal l'aigrit ; au lieu de se développer, semble perdre tout ce qu'il a acquis et ne tarde pas à tomber dans une noire mélancolie, et dans des souffrances qui ne se terminent que par une mort hâtive.

C'est dans les forêts du Gabon ou de la Guinée, au milieu des senteurs balsamiques, des vétivers et des salsepareilles sauvages, sous l'ombrage des grands tamariniers et des palmiers aux larges feuilles dentelées, des baobabs et des aloès qu'il faut venir voir le chimpanzé dans sa force et son adresse; là qu'il faut venir le prendre, le domestiquer à force de soins, de bons traitements, et alors on aura devant soi un véritable sujet d'étude qui, à chaque instant, vous donnera d'admirer son intelligence primesautière et l'inventive fertilité de son imagination.

A Dieu ne plaise, cependant, qu'en face du chimpanzé je méconnaisse les admirables qualités du chien : l'affection et la fidélité restent la propriété sans partage de cet admirable animal qu'on a eu raison d'appeler l'ami de l'homme.

J'ai dit plus haut que Jack, après la découverte de son larcin, craignait tellement d'être châtié qu'il s'était réfugié dans un arbre, et n'avait pu être calmé que par la vue de son maître et les caresses de son ami Cayor; je dois expliquer à ce propos que la vue de M. Silberman exerçait sur lui une véritable fascination ; quand ce dernier était à la maison, il était rare que master Jack ne fût pas d'une sagesse exemplaire; cela venait de ce que mon hôte n'avait jamais plaisanté avec lui, qu'il lui parlait toujours d'un ton très doux, mais sans familiarité, et que d'un autre côté il ne lui refusait jamais les friandises de la table qui excitaient son envie.

Cette double attitude avait produit chez Jack deux sentiments qu'il était très facile de constater: d'un côté un respect mêlé d'une certaine crainte, et de l'autre une vive affection.

Il est inutile de dire que l'animal avait contracté de nombreux défauts à la cuisine ; les fruits et les pâtisseries ne tentaient pas seuls sa gourmandise, il possédait en outre un amour immodéré pour le vin; il était impossible de laisser traîner une bouteille de la bienfaisante liqueur quelque part, et le majordome y veillait, sans que master Jack ne s'en emparât, et, en un clin d'œil, elle était vide; l'animal était alors, on le conçoit, dans un état complet d'ébriété; dans cette situation, il n'écoutait plus personne et se livrait à toutes les excentricités que lui suggérait son imagination; une de ses plus étranges marottes était de se rendre dans sa hutte et de briser les plats de terre dans lesquels on lui servait son eau et sa ration de riz.

Rien n'était singulier comme de voir à quel point Jack, en cet état, ressemblait à un homme pris de vin; il faisait d'atroces grimaces à tout le monde, s'emparait de tout ce qui se trouvait à sa portée pour le manger ou le boire, rossait d'importance tous les négrillons de l'habitation et méconnaissait même la voix de Cayor.

Puis, comme tout bon ivrogne, il prenait des idées fixes; une de ces idées consistait à monter sur le toit de sa cabane pour s'y tenir en équilibre; dès que cette manie avait germé dans son cerveau, il n'avait plus de cesse qu'il ne la mît à exécution; il se cramponnait alors aux bambous qui servaient de muraille extérieure à sa case, grimpait péniblement en s'aidant de leurs nodosités, puis arrivé à mi-chemin retombait lourdement sur le sol, aux éclats de rire de tout le personnel domestique assemblé.

Jack ne s'émouvait pas pour si peu, il recommençait son ascension avec une ténacité digne d'un meilleur sort, car sa seconde tentative avait immédiatement la même conclusion que la première, et il passait des heures à vouloir accomplir le même tour de force.

Dès que les fumées du vin s'étaient un peu dissipées, il parvenait enfin à gravir le toit de sa hutte, passait ses jambes et ses bras autour du bambou qui émergeait du toit circulaire de paille et de feuillage de pandanus, et, d'ordinaire, il s'endormait là jusqu'à ce qu'il eût retrouvé complètement sa raison.

Mais ces équipées ne se terminaient pas toujours d'une manière aussi simple, et je fus témoin d'une, entre autres, qui faillit avoir un dénoûment tragique.

On comprend que dans la maison d'un traitant, possédant un des plus importants comptoirs de la côte de Guinée, il devait être difficile d'empêcher master Jack de se livrer de temps à autre à ses goûts.

Le vin en bouteilles, en caisses, en fût, est remisé un peu partout, et les serviteurs noirs ne se gênent pas pour en voler, dès que le maître ou les employés tournent le dos.

Jack, comme on doit le penser, n'avait pas l'entrée des magasins, mais le gaillard avait un œil de lynx pour découvrir les lieux où les noirs cachaient leurs soustractions, et il ne se faisait nullement faute de voler les voleurs.

Les tours d'adresse qu'on lui avait appris lui venaient alors en aide, et ce n'était qu'un jeu pour lui de déboucher une bouteille aussi proprement qu'un sommelier. Donc un jour Jack avait profité d'un défaut de surveillance du majordome ou trouvé dans quelque cachette l'objet de sa convoitise, toujours est-il que dès huit heures du matin il était complètement ivre et faisait le diable à quatre dans la cour.

Mon hôte était déjà à son comptoir, les dames n'étaient pas encore levées, et Cayor, parti pour la pêche la veille au soir, n'était pas encore rentré, le singe pouvait donc se livrer librement à ses exercices les plus excentriques.

J'étais tranquillement occupé à écrire dans ma chambre, qui donnait précisément sur la partie de l'enclos où se passait l'aventure, lorsque des cris perçants mêlés à de bruyants éclats de rires m'attirèrent sous la véranda. Je fus très étonné de voir que Jack n'était plus dans la cour; puis suivant la direction des regards de tous les noirs qui levaient la tête en l'air à qui mieux mieux, j'aperçus le singe qui grimpait lentement dans l'immense baobab, dont le feuillage abritait une partie de l'habitation; il tenait sous son bras mon négrillon Charly, qui s'agitait comme un diable et poussait des cris de terreur ni plus ni moins que si on l'eut écorché.

— Tais-toi, tais-toi, lui criaient les nègres de tous les côtés, il ne te fera pas de mal.

Peine perdue, le pauvre Tom n'était pas en état d'écouter la recommandation. Quant au singe, cette scène paraissait l'amuser énormément, car il continuait son ascension dans l'arbre en grimaçant de la plus étrange façon.

Master Jack ne paraissait pas être dans un état complet d'ivresse, car il prenait grand soin en montant de ne point blesser le petit Charly; la moindre des choses cependant pouvait faire arriver un accident.

A un moment donné le pauvre négrillon, comme fou de terreur, s'accroche à une branche avec tant de force que le chimpanzé est obligé de s'arrêter; furieux de cette résistance, ce dernier se mit à secouer son fardeau vivant avec tant de force que Charly fut obligé de céder.

Jack, qui pour ce dernier exploit l'avait saisi par les jambes, ne s'inquiéta pas autrement et l'emporta la tête en bas au plus haut de l'arbre, faisant retentir l'air de ses cris joyeux, et nous régalant de ses grimaces les plus comiques.

La scène eût été vraiment amusante sans l'état d'ébriété de Jack; sauter de branches en branches en portant le petit nègre, en temps ordinaire, n'eût été qu'un jeu pour lui; mais comme je craignais un dénoûment tragique, j'envoyai en grande hâte chercher M. Silberman. Le Krouman avait à peine quitté l'habitation que Cayor rentra de la pêche.

A la vue de l'exploit de son élève, le brave Sénégalais commença par rire à se désarticuler la mâchoire; quand il était parti, il en avait pour un quart d'heure; aussi coupai-je court à son accès en lui ordonnant d'un ton bref de rappeler le chimpanzé.

— Ne vous fâchez pas, massa, me répondit-il d'un air étonné; car c'était la première fois que je lui parlais avec sévérité.

— Je ne me fâche point, Cayor, mais

enfin tu avoueras que le moment est assez mal choisi pour donner carrière à ta gaîté.

— Massa peut être sûr que Jack ne fera pas de mal à Charly; le singe aime beaucoup le petit gamin.

— Il suffit d'un faux pas, d'un rien.

— Un chimpanzé tomber d'un arbre, massa?

— Lui, non, mais l'enfant peut lui échapper. Jack n'est pas tout à fait dans son état normal, il a encore volé du vin ce matin.

— Oh! le gredin, fit le noir d'un accent comique, et il l'a bu sans son ami Cayor.

Sur mon ordre, le noir se mit en devoir de rappeler Jack; car, enfin, je voulais mettre un terme aux souffrances du pauvre Charly, dont les cris amusaient la valetaille; mais aux signaux réitérés qu'il lui fit, aux injonctions qu'il lui adressa, le chimpanzé ne répondit que par une série de grimaces qui ne fit qu'augmenter la bonne humeur de la galerie.

Blessé au vif par l'insolence de son élève, Cayor s'empara d'un rotin, le brandit au-dessus de sa tête et annonça à Jack en prenant une pose théâtrale que s'il n'obéissait pas à l'instant même, il allait être immédiatement châtié de la belle façon.

Nouvelles grimaces de Jack, fureur indicible de Cayor, qui voulut immédiatement s'élancer dans l'arbre pour faire respecter son autorité. Je m'y opposai, car cette poursuite aurait pu avoir des suites fâcheuses; j'étais inquiet, je l'avoue, de la tournure que prenait cette petite scène, lorsque M. Silberman parut.

Les choses changèrent immédiatement de tournure.

Le silence le plus complet remplaça les cris et les huées dont les nègres avaient jusqu'à ce moment salué les frasques de master Jack, et ce dernier, sur un simple signe de son maître, descendit lentement de l'arbre en prenant d'infinies précautions pour ne point blesser le petit Charly; il touchait à peine terre que l'enfant s'enfuyait avec toute la vitesse dont il était capable vers les cases à nègres; quant à lui, il reçut avec soumission les deux ou trois coups de cravaches que lui administra M. Silberman, avec promesse d'une distribution plus abondante s'il venait à recommencer ce genre d'exploits.

Jack s'en fût tout penaud se coucher dans sa paillotte.

En entendant le luxe de recommandations que mon hôte faisait à son chimpanzé, qui semblait les recevoir d'un air contrit, je ne pus m'empêcher de sourire.

M. Silberman comprit ma pensée.

— Vous trouvez étrange, me dit-il, que j'adresse à Jack une pareille mercuriale.

— Non, lui répondis-je, la parole a été donnée à l'homme ou conquise par lui pour traduire ses sensations, et il est arrivé à tout le monde de gesticuler et de parler, même en présence d'objets inanimés faisant obstacle à un travail ou même à la réalisation d'un simple caprice.

— Alors, vous ne croyez pas que mon singe ait compris ce que je lui disais?

— Je suis persuadé que vous possédez sur lui un très grand empire; mais il me serait difficile de penser qu'il ait perçu le sens exact de vos paroles.

— Hé bien, vous êtes dans l'erreur; vous n'accordez pas au chimpanzé, comme tous ceux qui n'ont pas vécu avec lui, toute l'intelligence qu'il mérite.

— Notez que j'ai dit « le sens exact de vos paroles », en émettant un simple doute sur son degré d'entendement.

— Hé bien, mon cher hôte, c'est, pour me servir de vos propres expressions, le sens exact de mes paroles qu'il a compris.

— Vous m'étonnez.

— Et cette opinion, je vous en donne l'assurance, n'a rien d'exagéré.

— Comment, il sait maintenant qu'il s'exposerait à une correction plus exemplaire encore s'il recommençait le même tour?

— Il le sait à n'en pas douter.

— Il y a longtemps, répondis-je, que j'ai fait justice des vieux préjugés de l'antique scolastique et de la philosophie cartésienne... Je ne crois plus à un instinct mécanique, mais à des degrés d'intelligence selon les espèces et les races... mais jusqu'à ce jour, je l'avoue, je n'avais accordé qu'à l'éléphant seul la faculté de localiser si facilement ses perceptions. Par exemple, le chien arrive à comprendre ce qu'on exige de lui, en répétant vingt fois l'expérience ; son cerveau exige une série d'impressions identiques, avant que l'idée s'imprime assez fortement pour que la mémoire la retrouve à chaque réquisition. L'homme seul possède la faculté de localisation instantanée ; après lui, l'éléphant étonne par la rapidité de son concept, c'est-à-dire par la réalisation synthétique en idée de la sensation ressentie.

— *Nil est in intellectu, quod non prins fuerit in sensu*, fit mon hôte, qui était heureux de montrer son savoir par cette citation d'école.

— Vous avez raison, mon cher monsieur Silberman, lui répondis-je, *il n'y a rien dans l'intelligence qui n'ait été auparavant éprouvé par les sens*, en d'autres termes, pas d'idée sans une sensation qui la précède ; l'intelligence n'est donc, dans son plus et son moins, qu'une question de sensation et de perception plus ou moins rapide... et pour en revenir à notre chimpanzé, je ne croyais pas que chez cet animal la perception, pour être durable, pour être conservée par la mémoire, n'eût pas besoin de sensations répétées plus multiples.

— Je vais vous donner une preuve indéniable de ce que j'ai avancé.

— Je la recevrai volontiers.

— Fixons bien la position de la question. Jack a-t-il, oui ou non, compris que je lui défendais, sous peine d'une correction plus forte, de recommencer l'exploit de ce matin... C'est bien cela, n'est-ce pas?

— Parfaitement.

— Eh bien, vous allez voir en cinq minutes mon singe refuser et accepter tour à tour de l'accomplir.

Le petit Charly reçut l'ordre de revenir, et Jack fut rappelé par Cayor.

Sur l'invitation de M. Silberman, le nègre enjoignit au chimpanzé de s'emparer de Charly et de l'emporter de nouveau dans l'arbre.

L'enfant fut prévenu que ce n'était qu'un jeu, et qu'on ne laisserait pas à Jack le loisir d'exécuter ses prouesses ; mais l'aimable Charly s'étant enfui en hurlant avec tous les signes de la plus vive frayeur; on eut recours à un négrillon de l'habitation.

Jack, au lieu d'obéir aux injonctions de Cayor, se mit à se gratter la tête suivant sa coutume, lorsque quelque chose d'insolite troublait son entendement, et, ce faisant, il regardait alternativement et le nègre et son maître.

M. Silberman ne bronchait pas ; quant à moi, je suivais toute cette scène avec un intérêt peu commun. Nouvelle tentative du noir, même manœuvre du chimpanzé.

— Comprend-il bien ce que son ami Cayor lui demande? fis-je à mon hôte; c'est là le point obscur que je voudrais voir s'éclaircir, de façon à ne pas laisser l'ombre d'un doute.

— Vous allez recevoir pleine satisfaction, me répondit mon interlocuteur.

Le noir eut beau prendre alternativement tous les tons, essayer de la menace et des caresses, tenter Jack par la gourmandise, peine perdue, ce dernier n'eut pas la moindre velléité d'obéissance. Au bout d'un quart d'heure d'efforts de toute nature, il devint évident que le chimpanzé n'exécuterait pas les ordres de Cayor.

— Il me semble, dit alors M. Silberman, qu'il est absolument prouvé que le singe, soit n'a pas saisi les intentions du noir, soit refuse de lui obéir; vous voyez que je ne tranche pas la question.

— Vous êtes d'une impartialité absolue.

— Je vais vous laisser le soin de juger vous-même; à mon tour d'intervenir. Mon ami montrant alors le petit nègre à Jack, puis le baobab, d'un seul geste lui commanda d'emporter l'enfant dans l'arbre; le singe se leva en hésitant un peu. Allons, vivement! fit le maître en faisant claquer sa cravache. Ne doutant plus de l'intention de celui qui le commandait, l'animal s'élança sur l'enfant, s'en saisit malgré sa résistance et ses cris, et en deux bonds extraordinaires fut sur les premières branches du *ficus Africana*.

— Êtes-vous convaincu? me dit mon hôte avec un air de triomphe.

J'étais simplement émerveillé et je ne m'en cachais pas.

— Et remarquez bien, continua mon ami, que si je n'avais pas été là, Cayor l'aurait envoyé vingt fois de suite dans l'arbre avec le négrillon.

L'aventure était concluante. Vingt fois, par la suite, j'ai été témoin de faits, de raisonnements et de perception rapide aussi curieux que celui-là, et je suis arrivé à cette conviction absolue que le chimpanzé, par l'éducation et la cohabitation avec l'homme, est capable d'arriver à un très haut degré de culture intellectuelle.

J'étonnerai peut-être bien des gens en annonçant le fait suivant, mais je le déclare absolument authentique. J'ai vu des chimpanzés reconnaître leur maître sur un portrait, et cela de façon à ne laisser aucun doute dans l'esprit le plus prévenu.

Mais je ne saurais trop le répéter, on ne

verra ces intelligents animaux donner la mesure complète de leurs facultés que dans leur pays d'origine, sous ces chaudes latitudes appropriées à leur constitution spéciale.

Partout ailleurs, ils s'étiolent et meurent victimes prématurées de l'homme, de cet être qui bouleverse tout dans la nature pour satisfaire ses caprices, qui chauffe les fleurs des tropiques avec du charbon de terre dans ses serres et transporte les animaux de l'équateur dans ses jardins d'acclimatation, où il n'acclimate que la souffrance et la destruction.

Quelques jours avant mon départ de la côte du Vieux-Calabar, M. Silberman me dit un soir, à l'issue du dîner :

— J'ai une excursion à faire dans la rivière de Rouyme ; êtes-vous des nôtres ?

— Vous savez que je reviens du Niger, lui répondis-je, et que je vous suis arrivé grelottant la fièvre et me tenant à peine debout ; à vous de voir ce que je puis supporter de fatigues nouvelles.

— Nous remonterons la rivière en chaloupe à vapeur ; en cette saison, vous n'avez guère à craindre les fièvres paludéennes.

— Je suis à votre disposition, mon cher hôte.

— Alors, je puis compter sur vous.

— Entièrement.

— Avec ma chaloupe, du reste, vous n'avez rien à craindre des fièvres du Formose. Je désire vous montrer une des merveilles du pays. A deux jours de navigation d'ici se trouve une vaste forêt où les myricacées et arbres, les rotangs mêlent leur feuillage et leurs fleurs, chargées de lianes grimpantes, au feuillage des tamariniers, des tulipiers, des palmiers de Guinée.

On appelle ce lieu la forêt des Singes, tellement il est garni de ces animaux, qui semblent s'être donné rendez-vous dans ces nombreuses solitudes pour y réunir à peu près toutes les espèces et toutes les races connues de cette partie de l'Afrique.

— Vous n'avez pas besoin de me tenter davantage, mon cher hôte, puisque mon parti est pris ; pour un pareil spectacle, j'affronterais toutes les fatigues, et puisque vous avez eu soin de les supprimer d'avance... je n'ai plus qu'à vous dire : Quand partons-nous?

— Demain matin, à la pointe du jour.

M. Silberman allait remonter la rivière pendant quelques jours pour traiter quelques affaires de gomme et approvisionner une petite factorerie qu'il avait créée dans l'intérieur. Je prévins Djamba, nègre que j'avais pris à mon service sur le haut Niger, car bien que le voyage dût être assez court, une excursion à la côte d'Afrique entraîne toujours d'indispensables préparatifs.

Il faut visiter ses armes, ses munitions, compléter sa pharmacie de poche, emporter les drogues nécessaires à la conservation des animaux que l'on peut tuer; une foule de minutieux détails appellent sans cesse votre attention jusqu'à la dernière minute qui précède le départ.

Longtemps avant l'heure fixée, j'étais sur pied pour donner le coup d'œil du maître à mes cantines.

Après une frugale collation, nous prîmes place, M. Silberman, une dizaine de ses employés et moi, dans une charmante chaloupe bien aménagée pour les excursions en rivière, et dont le confort particulier ne laissait rien à désirer.

Sous le couronnement de poupe se lisait ce mot « Jenny », mon hôte avait donné à son petit navire le nom de sa fille aînée, aimable enfant d'une dizaine d'année qui faisait la joie de la maison.

Le mécanicien de *la Jenny* était un compatriote du nom de Leclerc, il sortait des arts et métiers, avait servi l'État où il avait eu les galons d'adjudant, et était venu par un de ces hasards singuliers de l'existence échouer à la côte d'Afrique.

Je ne raconterai pas les péripéties, du reste peu émouvantes, de notre voyage. Les rivages de toute cette partie de l'Afrique sont formés de terrains d'alluvions, couvert de palétuviers, et les côtes basses et marécageuses, offrent fort peu d'intérêt pittoresque à l'œil du voyageur.

Tous ces fleuves de Formose, de l'Ovari,

du Kouarra, de Bonny, du Vieux-Calabar qui viennent se jeter dans l'Atlantique au golfe de Guinée, n'ont, pendant les trente ou quarante lieues de parcours qui précèdent leur embouchure, absolument rien de remarquable à offrir à ceux qui les visitent, si ce n'est les dangers de leur navigation pestilentielle.

Ce n'est que le lendemain de notre départ que les palétuviers commencèrent à abandonner les rives du fleuve qui, peu à peu, se couvrirent de cet arbre si utile aux habitants de ces contrées, que l'on nomme le *raphia-vivifera,* le palmier vivifère.

Soixante heures seulement après notre départ, nous arrivâmes au point que notre hôte avait indiqué comme but de notre excursion.

Un peu avant le coucher du soleil, nous aperçûmes sur la droite du fleuve une longue ligne bleuâtre, qui, à la distance où nous nous trouvions, pouvait aussi bien indiquer les limites d'une forêt que le sillon d'une chaîne de collines peu élevées, se profilant à l'horizon sur les teintes rouges du ciel.

Nous continuâmes à filer à toute vapeur pour nous en rapprocher, car c'était la forêt des Singes.

Il faisait nuit quand nous stopâmes, mais une de ces nuits africaines, pendant lesquelles l'œil le plus exercé ne peut même pas distinguer le moindre objet à deux pas devant lui.

— Restez dans la cabine, me dit mon ami, couvrez-vous bien et ne vous exposez pas à l'humidité pestilentielle du fleuve.

— Pourquoi cette recommandation?

— Il faut que je vous quitte.

— Que se passe-t-il donc?

— Rien d'insolite, je vous assure.

— Hé bien, alors?

— Je vous ai promis un spectacle merveilleux, laissez-moi vous en faire la surprise. Je doute que vous ayez jamais assisté à une scène pareille à celle qui s'offrira à vous au lever du soleil, mais nous sommes obligés de faire quelques préparatifs indispensables.

— De la mise en scène ? dis-je en riant.

— Soit, nous allons tout mettre en place pour le changement de décors à vue. Ne vous inquiétez pas de notre absence, nous viendrons vous chercher au moment voulu.

Je restai seul avec Zennah, qui n'avait pas voulu me quitter, et Djamha.

Une simple planche mettait la chaloupe en communication avec la terre, et j'entendis bientôt mon hôte qui donnait ses ordres en langue d'Oueni, et s'éloignait du nombre suivi de ses serviteurs.

J'étais, je l'avoue, vivement intrigué. Quelle était cette surprise que l'on me préparait ; mais ne pouvant percer ce mystère, je m'enroulai dans une couverture et me couchai sur le divan de la cabine...

La nuit était plus profonde encore peut-être ; quand je m'éveillai, une main me tirait doucement par le bras, et à la lueur de la lampe de l'habitation, je reconnus mon hôte.

— Excusez-moi de vous déranger, me dit-il, mais c'est le moment.

— Déjà? fis-je en me mettant sur pied d'un bond.

— Avant une demi-heure, vous verrez apparaître le jour.

Djamba avait préparé le thé et des *toast* au beurre, nous prîmes rapidement cette première collation si nécessaire dans ces meurtrières où on ne doit jamais sortir à jour et nous quittâmes le bord.

— Où me conduisez-vous? demandai-je à mon ami.

— Dans la forêt des Singes.

Nous marchâmes pendant un quart d'heure environ, nous tenant par la main pour ne pas nous égarer. Cayor nous précédait et nous guidait avec une sûreté dont eut été incapable ma faible vue en européenne.

Tout à coup je sentis la tête de colonne qui s'arrêtait.

— Nous sommes arrivés, me dit mon hôte; maintenant laissez-vous diriger par Cayor.

Le noir me prit par la main et me conduisit près d'un arbre.

— C'est un énorme banian, me dit-il, qui nous sert chaque fois que nous faisons cette excursion.

Il me fit alors toucher les deux montants d'une échelle.

— Je monte, me dit-il, suivez-moi. Je me laissai conduire sans faire l'ombre d'une réflexion; bientôt le vide se fit devant moi, j'avais beau tendre la main, elle ne rencontrait plus d'échelon.

— Donnez-moi la main, fit Cayor.

— Mais où diable sommes-nous? ne pus-je m'empêcher de reprendre avec une nuance d'impatience.

— Ne craignez rien, vous allez vous installer au cœur même du boabab, où pourraient y tenir cinquante personnes à l'aise.

En effet, en quittant l'échelle, je me trouvai bientôt convenablement installé au cœur même de l'arbre.

— A quelle distance sommes-nous du sol? dis-je à Cayor.

Ce fut mon ami qui répondit.

— A trois mètres à peine; aucune chute n'est à craindre.

— C'est-il prêt? dis-je en riant.

— Attendez qu'on frappe les trois coups, me répondit M. Silberman qui continua la plaisanterie, le soleil qui est le grand régisseur de cette scène va s'en charger.

— Tout le monde est-il en haut? demanda mon ami

— Oui, massa... oui, massa... répondirent une dizaine de voix qui venaient des branches supérieures.

— C'est bien; qu'on fasse silence.

Le soleil se couche et se lève, sous les tropiques, presque sans crépuscule avec la rapidité d'un changement de décors à vue. M. Silberman n'avait pas achevé de parler qu'une pâle lueur envahissait la forêt, bientôt la lumière argentée était chassée par le rayon fauve et or, et, en moins de deux minutes, l'astre du jour inondait la forêt de ses ardents rayons.

Quel spectacle extraordinaire s'offrit alors à mes yeux; en un instant, je compris tout.

Le cœur du baobab dans lequel nous nous trouvions avait été garni à hauteur d'homme d'une ceinture de feuilles de palmier, enlacées par leurs tiges flexibles et soutenues par des lianes tordues autour des branches de l'arbre. De cet abri improvisé, nous pouvions voir tout ce qui se passait autour de nous sans être vus nous-mêmes.

Avec les premiers rayons du soleil un immense cri de joie composé de cent notes diverses avait retenti sous les arceaux de la forêt, faisant trembler la voûte de feuillage; je plongeai avidement mes regards en avant... aussi loin que la vue pouvait s'étendre, on n'apercevait que des milliers de troncs droits et élancés de palmiers de Guinée éloignés à une distance de cinq à six mètres seulement les uns des autres, et chaque tronc, de la base au sommet, était garni de petites cases de bambou et de feuillage, attachées autour de l'arbre par des lianes, comme des tourelles suspendues ainsi que des grappes, aux flancs d'une colonnade de verdure.

Chacune de ces cases abritait un groupe de chimpanzés, qui, aux premières lueurs du jour, avaient quitté leur abri pour se suspendre aux arbres dans les poses les plus variées et les plus pittoresques; c'est par centaines, c'est par milliers de couples qu'on les apercevait.

Dès que la forêt fut en pleine lumière, nous assistâmes à un spectacle vraiment féerique : peu à peu, tous les chimpanzés, abandonnant leurs cases, s'élancèrent dans les branches supérieures des arbres et se mirent, en se jouant, à se poursuivre les uns les autres ; la force et l'agilité qu'ils dépensaient ainsi étaient extraordinaires. Tantôt ils se balançaient au bout d'une branche et, l'abandonnant, d'un vigoureux élan s'élevaient sur un arbre voisin ; tantôt ils se laissaient glisser avec une rapidité vertigineuse le long des aloès, et couraient en gambadant et en faisant mille cabrioles sur le tapis vert de la forêt.

Nous passâmes près de deux heures à les regarder s'ébattre ainsi en pleine liberté, c'était étrange et charmant, et nous étions si bien cachés dans notre abri de verdure que pas un seul instant les singes ne parurent se douter de notre présence.

Je ne sais combien cette scène aurait duré, si M. Silberman, en chasseur enragé qu'il était, puis aussi peut-être pour avoir un motif de départ, n'avait rapidement épaulé sa carabine et envoyé une balle à un des plus grands et des plus robustes de la troupe.

Le chimpanzé tomba sur le gazon en poussant un cri déchirant; je détournai mes regards... Cet acte venait de me gâter tout mon plaisir, et il me semblait qu'un meurtre venait d'être commis par mon hôte.

Au moment où la détonation ébranlait la forêt, tous les chimpanzés avaient disparu avec la rapidité de l'éclair.

J'ai tenu à relater cette excursion, car elle prouve que le chimpanzé vit par troupes, par villages, pourrais-je même dire, car ces milliers de cases bâties en un seul lieu prouvent que cet animal recherche la société de ses semblables. Cette vie en commun suffit pour faire naître des liens qu'il est bien difficile de concevoir si on n'admet pas chez ces animaux certains accords tacites, certaines conventions acceptées de tous, sans lesquelles le bon voisinage ne saurait exister.

C'est encore une importante différence à signaler entre le chimpanzé et le gorille : alors que ce dernier ne vit qu'en famille, l'autre paraît susceptible d'association, ce qui lui donne sur son adversaire une incontestable supériorité intellectuelle. Quel étrange problème! Le gorille, qui se rapproche le plus de l'homme par sa conformation anatomique, est un des animaux qui s'en éloignent le plus par la sauvagerie de ses instincts et la férocité de ses mœurs; et le chimpanzé, qui est plus éloigné que lui de l'être humain au point de vue physique, s'en rapproche d'une façon vraiment singulière sous le rapport intellectuel. Allez donc après cela, dans l'état actuel de la science, poser des règles et des principes absolus sur l'origine des espèces!

Transformations constantes, agrégations mystérieuses qui modifient les mondes et les êtres, où sont les lois qui nous régissent, dans quel coin de l'univers est allumé le flambeau, source universelle de mouvement et de vie, qui anime tous les êtres?

Chaque pas que l'on fait ne permet qu'une chose... poser un point d'interrogation sans réponse.

Le mystère est partout et la clef nulle part, qu'il s'agisse de l'origine de l'homme ou de celle du chimpanzé.

. . . .

En traversant les sombres forêts du Yebou, il était naturel que je donnasse dans mon voyage une importante place aux deux grands singes qui se disputent la royauté du désert dans la Nigritie et l'Afrique centrale; j'ai donc tenu à consigner toutes mes observations dans ce volume...

Quinze jours après notre départ de Tehadé, notre guide nous signala les approches de la mystérieuse ville de Hodé-Yebou.

Luciens et moi, nous étions les premiers hommes de race blanche qui allaient pénétrer dans cette cité, capitale d'une immense contrée, le Yebou, jusqu'à ce jour complètement inconnue des géographes et des voyageurs.

FIN

PARIS. — IMP. C. MARPON ET E. FLAMMARION, RUE RACINE, 26.

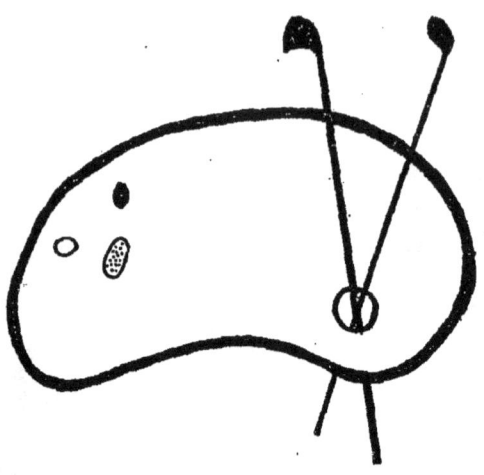

ORIGINAL EN COULEUR
NF Z 43-120-8

www.ingramcontent.com/pod-product-compliance
Lightning Source LLC
Chambersburg PA
CBHW070759170426
43200CB00007B/842